計劃一下
享受一個輕巧自在的
悠哉小旅行

ことりっぷ co-Trip 小伴旅

長崎
豪斯登堡

讓我陪你去旅行
一起遊玩好EASY~

走♪我們出發吧

抵達長崎・豪斯登堡後…

❶日本最古老的木造哥德樣式的大浦天主堂（P.28）是國寶建築　❷又稱為「鶴港」的長崎港，是一片被山和海包圍的長崎風光　❸豪斯登堡特有品種「豪斯登堡」　❹到了春天滿是盛開的鬱金香

經典的長崎伴手禮，絕對非長崎蛋糕莫屬。松翁軒（P.64）的巧克力長崎蛋糕很有名

豪斯登堡限定版的米飛兔布偶。

豪斯登堡原創的起士蛋糕「SCHOON BOOB」很受歡迎。（P.99）

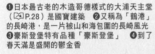

發現超級復古的撲克牌！

那麼，接下來要做什麼呢？

在留有濃厚異國風情的長崎街頭漫步
於中世紀歐洲風景和季節花卉繽紛點綴的
豪斯登堡度過浪漫時光

首先要造訪的，就是傳統西洋建築林立的哥拉巴園。接著是在木造建築當中，屬日本歷史最悠久的哥德樣式教會大浦天主堂。有著浪漫石板坡道的荷蘭坡，以及夜晚從稻佐山眺望出去的夜景都很迷人。在放眼望去盡是中世紀歐洲美麗街景的豪斯登堡裡，暢遊各種遊樂設施，還有四季花卉盛開的花園，享受令人身心徹底放鬆的度假村氣氛吧。

各種花卉爭相綻放的哥拉巴園。來張紀念照吧。（📖 P.22）

德姆特倫高塔是以至今仍可見於荷蘭的教會鐘樓為範本建造。（📖 P.95）

一面眺望著千萬夜景，乾杯！

check list

- ☐ 漫步在哥拉巴園內 📖 P.22
- ☐ 在大浦天主堂參觀彩繪玻璃 📖 P.28
- ☐ 遊覽幕府晚期風雲人物，坂本龍馬的相關地點 📖 P.34
- ☐ 從稻佐山上欣賞夜景 📖 P.58
- ☐ 豪斯登堡的優雅假期 📖 P.92

要買些什麼呢？

長崎蛋糕、琉璃…
著名的伴手禮是一定要的
獨具個性的中國雜貨也不容錯過

長崎伴手禮當中絕不可忘的，就是有著濕潤口感和甜甜香氣的長崎蛋糕。難得的旅行也想要貪心點，將流傳至今日的琉璃等傳統工藝品帶回家。盡是獨特風格商品的中國雜貨，也值得一看。豪斯登堡裡，還有原創商品、起士蛋糕和巧克力等獨一無二的珍奇商品。

閃耀著光芒的琉璃工藝品，光是拿在手上就覺得幸福

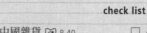

五彩繽紛、價格實惠，就是中國雜貨的獨特魅力。（📖 P.40）

check list

- ☐ 中國雜貨 📖 P.40
- ☐ 琉璃 📖 P.63
- ☐ 長崎蛋糕 📖 P.64
- ☐ 在豪斯登堡購物 📖 P.98

抵達長崎．豪斯登堡後…

❶鯛魚的美味都濃縮在這一鍋裡的土鍋炊煮鯛魚飯，是御飯（P.50）的招牌菜　❷長崎名產強棒麵（P.42）滿滿的蔬菜、份量十足

❶座落高地的にっしょうかん新館梅松鶴（P.75）的露天浴池，眼底就是一片夜景　❷長崎蒙特利酒店（P.74）的豪華雙床房
❸歐洲大飯店（P.100）可從運河搭乘遊艇前往

要吃點什麼呢？

強棒麵＆長崎燴麵這兩道名菜必點！在豪斯登堡當中則可以品嘗世界各國的佳餚

用料豐富又份量十足的強棒麵，是長崎特有的佳餚。濃稠芡汁和香酥炸麵一拍即合的長崎燴麵也不容錯過。口袋要是深一點，在沉穩寧靜的日本料理店品味鄉土風味的卓袱料理也是不錯的選擇。而在豪斯登堡，除了和食、西餐、中餐等各國料理之外，還可以嘗到當地美食。

巧克力鍋也是豪斯登堡深受歡迎的美食之一

被美味甜點療癒身心

在大紅圓桌上享用卓袱料理 (P.46)

check list

- ☐ 長崎強棒麵＆長崎燴麵 P.42～45
- ☐ 卓袱料理 P.46
- ☐ 茶碗蒸・鯛魚飯 P.50
- ☐ 鯛魚鹽釜燒 P.51
- ☐ 咖啡廳 P.54
- ☐ 豪斯登堡美食 P.98

要住在哪裡呢？

便於長崎觀光的飯店＆旅館在令人嚮往的度假型飯店享受假期氛圍依照你的旅行目的來選擇吧

長崎市中心有許多飯店，無論是交通、機能都相當方便，當中還有能欣賞夜景的飯店。此外，有些日式旅館型的住宿，會在晚餐時段供應使用魚蝦的海鮮料理、卓袱料理。豪斯登堡則有豐富的設施，能在重現荷蘭建築風光的高級飯店裡，坐在望向運河的餐廳中用餐，享受優雅的片刻。另外，還可以在正統的水療中心，體驗至高無上的舒緩療癒時光。

在豪斯登堡的水療中心放鬆。不只身體，心靈也需要被療癒。

日式旅館的晚餐盡是長崎的美食。照片攝於坂本屋。(P.74)

西式房間好，但和室也很迷人。照片為にっしょうかん別邸紅葉亭。(P.75)

check list

- ☐ 長崎市內的推薦飯店 P.73～75
- ☐ 雲仙的療癒系住宿 P.88
- ☐ 豪斯登堡的奢華飯店 P.100
- ☐ 佐世保周邊的飯店 P.118

2天1夜的小小旅行
由長崎到雲仙溫泉 or 豪斯登堡

在此整理出2天一夜的旅程提案，
看你想將長崎作為起點，前往日本名聞遐邇的雲仙溫泉，
或是前往能感受歐風度假風情的豪斯登堡。
你喜歡的，是哪一種方案呢？

第1天

抵達JR長崎站。
漫步走向出島

10:30

將鎖國時期唯一向西方世界敞開門戶的扇形**「出島」**（P.24）修復成原有樣貌的國家指定史跡。也是西博爾德曾居住的地方。

11:30

等不及正中午就吃午餐，這是中華街一定要遵守的規則!!

正統的強棒麵裡有蔬菜、海鮮、肉等好多的料

在稱為日本三大中華街的**長崎新地中華街**（P.38）吃午餐。假日不管哪一間店都會大排長龍，最好提早前往。

12:30

要前往由長崎新地中華街，往活水學院延伸而去的**荷蘭坡**（P.30）還要走上10分鐘左右。如果下起雨來，更有種走進電影中的錯覺。

13:00

向至聖先師孔子許下心願…

採用中式建築技法的建築本身也很可觀

紅色與黃色外觀相當醒目的**長崎孔子廟**（P.31）。廟裡深處是展示了國寶級文化財的**中國歷代博物館**。

14:00

為日本近代化貢獻良多的托馬斯．布萊克．哥拉巴所居住過的哥拉巴故居

長崎最有名的觀光景點，就是**哥拉巴園**（P.22）了。能從園內將又稱為「鶴港」的長崎港一覽無遺。

在日落之前，往第2天的觀光據點移動

第2天

提案①
雲仙溫泉

為了遠眺雲仙普賢岳搭上共乘計程車GO！

10:00

能遙望雲仙普賢岳的**仁田峠**（P.86）需搭車20分左右。沿途有一望無際的高原，讓人心神暢快。

觀察花草、野生動物也是一種樂趣

被紅葉染紅的秋日景象

12月下旬至3月上旬可見的霧冰

12:00

雲仙地獄的特產是2顆200日圓的溫泉蛋

瀰漫著硫磺味和白色水蒸氣的**雲仙地獄**（P.85）。順著步道緩緩散步一周。

13:00

伴手禮就決定是手工製作的「溫泉煎餅」!! **遠江屋本舖**（P.86）的溫泉煎餅以其酥脆口感大受歡迎。

溫泉煎餅有著吃不膩的樸實甜味

接下頁

第2天

提案②
豪斯登堡

房客的特權！在清晨的豪斯登堡散步♪

6:30

稍微早一些些起床，在清晨的**豪斯登堡**（P.92）悠閒漫步。

11:00

到退房之前在飯店內悠閒度過，再出發去觀光。造訪豪斯登堡的象徵地標，**豪斯登堡宮殿**（P.94）。

12:00

午餐可前往運河岸邊的**「露天美食街」**吃。共有6間不同類型的餐飲店在此聚集，讓人猶豫該選哪一間才好。

13:00

餐後來到位於娛樂設施城裡的**「MUSE HALL」**，觀賞**豪斯登堡歌劇團**的演出，可在此欣賞令人心情澎湃激昂的華麗歌舞劇。

接下頁

接上頁

熔岩石鍋的湯頭熱得直冒泡的「噴火強棒麵」1030日圓

使用特產馬鈴薯的馬鈴薯布丁、馬鈴薯冰淇淋，各520日圓

13:30

晚了一些的中餐，就在**民芸モダンの宿 雲仙福田屋**（P.84）裡的「民芸茶屋 力」享用，這裡有各式各樣搭配普賢岳熔岩的餐點。

14:30

讓人聯想到瑞士小木屋的建築外觀

有許多閃耀著神秘光芒的作品

吃飽了，就到專門展示古董玻璃品的**雲仙玻璃美術館**（P.85），體驗美麗的玻璃工藝品所帶來的視覺享受。

16:00

鑑賞了絕美工藝品之後，到**雲仙宮崎旅館**（P.89）旁邊的**雲仙足湯廣場**（P.86）小憩片刻吧，溫泉會舒緩你疲憊的雙腳。還有屋頂能遮陽，所以不必擔心會曬黑喲。

接上頁

15:00

顫慄城裡有一座2位音樂盒工匠互相較勁的「黑暗中的旋律～音樂盒館～」（左），以及既恐怖又搞笑的新型恐怖娛樂設施「鬼魅的婚禮～鐘樂器博物館～」（上）等

前往世界最大規模的鬼城**「顫慄城」**（P.96），征服這裡的8座鬼屋吧，運氣好的話還會有恐怖卻帶點可愛的鬼魂來迎接。

飯店咖啡廳裡的休憩時光

在阿姆斯特丹大飯店內的咖啡廳**「A Coeur Ouvert Café」**，邊眺望著歐洲街景邊休息，這裡有豐富的輕食以及甜點菜單。

選用日本國產牛肉的特製牛排漢堡，份量飽足

16:30

用伴手禮的採買當作旅行的尾聲

大受歡迎的Rafraichir焦糖起司蛋糕1380日圓（P.99）

在起司專賣店「起司之城」裡挑選裡喜愛的口味

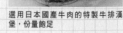

以豪斯登堡的獨創口味為主，蒐羅了歐洲各種葡萄酒的「葡萄酒城」

我的旅行
小法寶

擬定計畫的訣竅

長崎市內的觀光勝地十分集中，幾乎都能步行前往。想利用大眾交通運輸工具的話，搭乘長崎電氣軌道或是巴士都很方便。為了隔天一早就能開始觀光，最好在第1天行程結束後，就先往第2天的觀光區域移動喔。

第1天

JR長崎站
↓
出島
↓
長崎新地中華街
↓
荷蘭坡
↓
長崎孔子廟中國歷代博物館
↓
哥拉巴園
↓
往第2天的觀光據點移動下榻

第2天 提案① 雲仙溫泉

雲仙溫泉街
↓
仁田峠
↓
雲仙地獄
↓
遠江屋本舖
↓
民芸モダンの宿 雲仙福田屋
↓
雲仙玻璃美術館
↓
雲仙足湯廣場

第2天 提案② 豪斯登堡

豪斯登堡官方飯店
↓
在豪斯登堡內散步
↓
豪斯登堡宮殿
↓
露天美食街
↓
暢遊娛樂設施
（豪斯登堡歌劇團的歌舞秀、顫慄城）
↓
A Coeur Ouvert Café
↓
挑選伴手禮

my memo

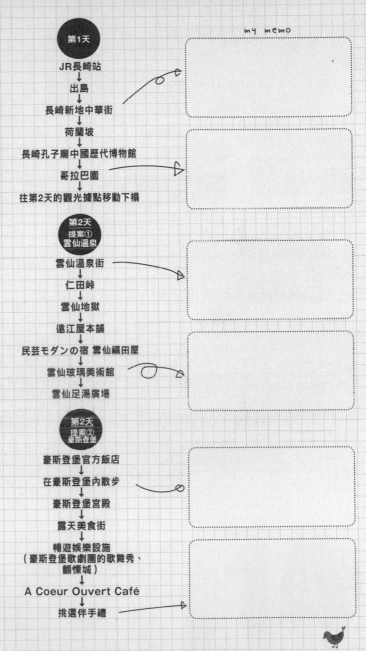

大略地介紹一下長崎縣

在江戶時期大量吸收西方文化的長崎，
除了有能讓你度過一段歐式假期的豪斯登堡，
人氣最高的5個地區分別有以下這些地方。

以九十九島和當地漢堡聞名
佐世保
させぼ

P.105

以佐世保漢堡受到矚目的佐世保，是美國海軍基地所在處，街道上洋溢著美式風情。而搭乘遊艇巡航，欣賞共有208座島嶼散布在海上的九十九島明媚風光，則是佐世保觀光的一大亮點。

被藍色海洋包圍的島群
五島·福江島
ごとう　ふくえじま

P.76

由140多座大小島嶼所構成的五島，島上散落著萬葉時期遣唐使船曾停靠過的史蹟，以及具有切支丹（天主教）歷史的教會。位於西南邊的福江島上，至今仍留存著城下町過往繁榮的古老街景。

東西方文化並存的港都
長崎
ながさき

P.13

古早樣貌的日式民宅，旁邊卻矗立著老洋房或是中式唐寺的街景。過去由中國廚師所研發出來，今日卻是長崎代表的鄉土菜強棒麵。這些在日常生活中隨處可見的東西方文化融合，也印證了長崎之旅的關鍵字──異國風情。

一望無盡的中世紀歐洲風情

P.91

豪斯登堡

ハウステンボス

忠實重現了中世紀歐洲街區的度假設施，園內設有遊樂設施、飯店、商店、餐廳等。在風車轉動的花海中散步、搭乘馬車，以及騎乘賽格威遊逛園區等，豪斯登堡有著無限的樂趣。

被雲仙岳的自然、溫泉療癒

P.79

雲仙·島原

うんぜん　しまばら

幾乎位於島原半島正中央的雲仙，是日本首座被列為國家公園的自然豐饒之地。春天有九州杜鵑盛開，冬天有霧冰，四季各有不同的美麗風景。投宿於山中連綿不絕的溫泉旅館，也是一大樂趣。

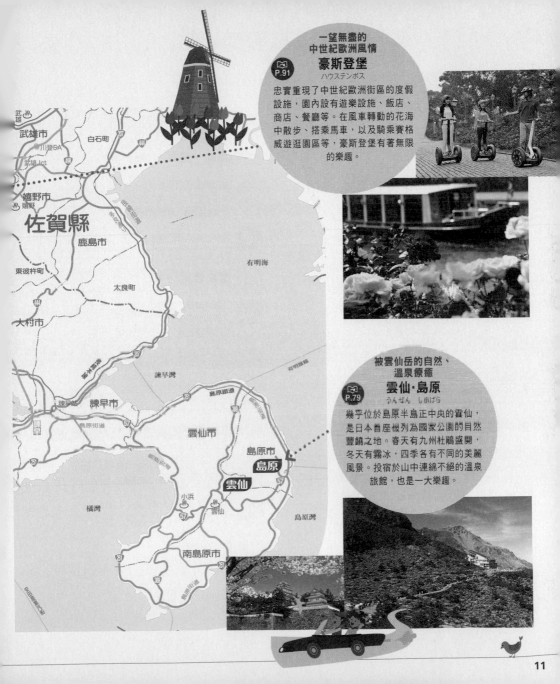

ことりっぷ co-Trip 小伴旅 **長崎 豪斯登堡**

CONTENTS

長崎

鋪滿了石板的坡道、典雅的洋房、
令人眼花撩亂的熱鬧中華街…。
日本、中國、西葡各國的氣息在此交會、
融合而成的「和華蘭文化」，
正是長崎的獨特魅力。
這些多采多姿的文化，
至今仍留存在日常生活當中的
祭典、活動和飲食裡，
形成西洋與東洋交織的異國風情港都。
一起來趟洋溢異鄉情懷的旅行吧。

凝望著中式燈籠散發出的橘紅色光芒
彷彿掉進了另一個世界般……

在散步途中遇見了紅磚造的洋房。
隱藏在日常中的異國風情就在這裡

在港都散發光采的白色教堂，
美得令人看呆了眼

圓呼呼的外型好可愛。
麥芽糖色的琉璃材質酒器

據說芥川龍之介曾用手捌來吃的長崎蛋糕，
現在仍是人氣強強滾

屋簷的前端有「福」字。中國文化遠渡海洋，在長崎落地生根

中國雜貨…雖然看來有些俗氣、花俏，
但也因此特別討喜可愛

大略地介紹一下長崎

日本、中國、西葡的文化在這裡巧妙融合，
長崎有許多獨特的觀光景點，是在別的地區看不到的。
尤其不能錯過的是哥拉巴園、大浦天主堂、和平公園。

在JR長崎站，做好旅行的萬全準備

☞首先前往綜合觀光服務處

JR長崎站剪票口旁的服務處，提供了如何前往觀光地點的指引、當日的飯店空房情報等旅客服務。要購買電車或是巴士的一日乘車券，也請到這兒來，還有免費提供的觀光小冊子。

☎095-823-3631

☞長崎漫步（長崎さるく）

長崎觀光以步行為主。這時旅人最好的朋友，就是和觀光導遊一起遊逛的行程「通さるく」、包含體驗和講座的套裝行程「学さるく」和享用美食的「食さるく」也十分受歡迎。詳細的內容和預約請確認官網。

☎095-811-0369（さるく總機）
HP http://www.saruku.info/

☞早、中餐&作戰會議

出發前往觀光之前，不妨邊填飽肚子邊再次確認當天的路線規劃。車站大樓AMU PLAZA 長崎的1樓有美食廣場，2樓有家庭式餐廳，5樓則是各種餐飲店集結的美食街。

位於AMU PLAZA 長崎2樓的家庭式餐廳，早上7時就開始營業

☞忘了帶什麼就到超商買

車站內剪票口前的Kiosk從早上6時30分開始營業。24小時營業的便利商店，則位在出車站後，沿著AMU PLAZA 長崎大樓走的左前方深處，ATM則位於2樓家庭式餐廳隔壁。

小小清單check

☐手機＆相機的電池
☐防曬用品
☐飲用水
☐傘
☐手帕＆面紙
☐零錢　etc…

和平的象徵坐鎮
浦上
うらかみ
P.32
能望見和平祈念像的和平公園周邊，四散著與和平息息相關的設施。

旅程的起始地點
JR長崎站
ながさきえき
旅程就由JR長崎站出發。路面電車的長崎駅前電車站，就位於和長崎站相連的天橋另一端。

西博爾德淵源之地
出島
でじま
P.24
島上有重現鎖國時期風貌，呈扇形的荷蘭商館遺址。（照片為設置於出島內的15分之1比例模型）

長崎第一的鬧區

濱町·思案橋

はまんまち·しあんばし

P.52

若不知道該吃什麼好，就來這一區吧，這裡聚集了許多餐飲店。

首先，
要去哪裡呢？

古早風情洋溢

眼鏡橋一帶

めがねばしかいわい

P.26~27

本區座落著從黑色灰泥牆的店家、古民宅改建而成的雜貨店等，飄散出老街風情。

長崎的中國城

長崎新地中華街

ながさきしんちゅうかがい

P.38~41

有眾多的中國餐館提供美味的強棒麵、長崎燴麵，還有許多間中國雜貨店。

觀光景點散佈各處

南山手·東山手

みなみやまて·ひがしやまて

P.22~23
P.28~31

哥拉巴園、大浦天主堂、荷蘭坡等景點都集中在這裡，異國風情醞釀出一股浪漫情懷。

在坡道之城長崎觀光，最好穿方便遊逛的健走鞋。

抵達車站後就搭這個吧
Nagasaki交通指南

幾乎所有的長崎觀光景點，都集中在熱鬧的市中心。
可搭乘行駛於市內的長崎電氣軌道路面電車，輕輕鬆鬆前往行程的起點。
而各景點之間的移動方式，則以步行最為方便。

長崎站
START

轉乘

路面電車
<長崎電氣軌道>

1 不論搭到哪裡都是同一票價

在長崎市內觀光，最佳的代步工具就是長崎電氣軌道的路面電車，幾乎所有的主要觀光景點都在它的行駛範圍內，而且不論你搭到哪裡，所有路線的票價一律都是120日圓，實惠的票價令人開心。

2 告訴你「轉乘的技巧」

要前往哥拉巴園所在的南山手地區，就搭乘1號系統往正覚寺下方向行駛的電車，在築町電車站下車後，轉乘5號系統往石橋方向的電車。轉乘時不必付2次車費；只要在築町電車站下車時，向司機索取「轉乘券（のりつぎ券）」，搭上轉乘電車時，再將轉乘券當做車票，投進車費箱即可。

在築町電車站下車時，記得索取轉乘券喔

3 利用一日乘車券省錢吧

如果有多次搭乘路面電車的打算，那麼使用500日圓的一日乘車券最划算。一日乘車券可以在JR長崎站內的綜合觀光服務處，或是長崎電車軌道的各窗口、市內販賣此乘車券的飯店等地購買。必須留意車上不提供販賣車票的服務。

還有
「電子一日乘車券」喔

使用智慧型手機螢幕顯示的一日乘車券，可透過長崎電氣軌道的網站下載「長電アプリ（免費）」後購買。票價為500日圓，限購買當天有效。

長崎市內的路面電車&往稻佐山方向的巴士路線圖

※文中的所需時間僅為參考

●圖示●

長崎路面電車
- 1 赤迫~大波止~正覚寺下
- 3 赤迫~桜町~蛍茶屋
- 4 正覚寺下~蛍茶屋
- 5 石橋~蛍茶屋

騎「楽チャリ」遊覽長崎

長崎站前的九州車站租車（駅レンタカー九州）提供租借電動自行車「楽チャリ」的服務，2小時500日圓、4小時1000日圓、4小時以上1500日圓（JR乘客為2小時400日圓、4小時800日圓、4小時以上1200日圓）。租借請至JR綠色窗口購票及租借時間的指定券，需出示身分證件給窗口人員。

☎095-826-0480

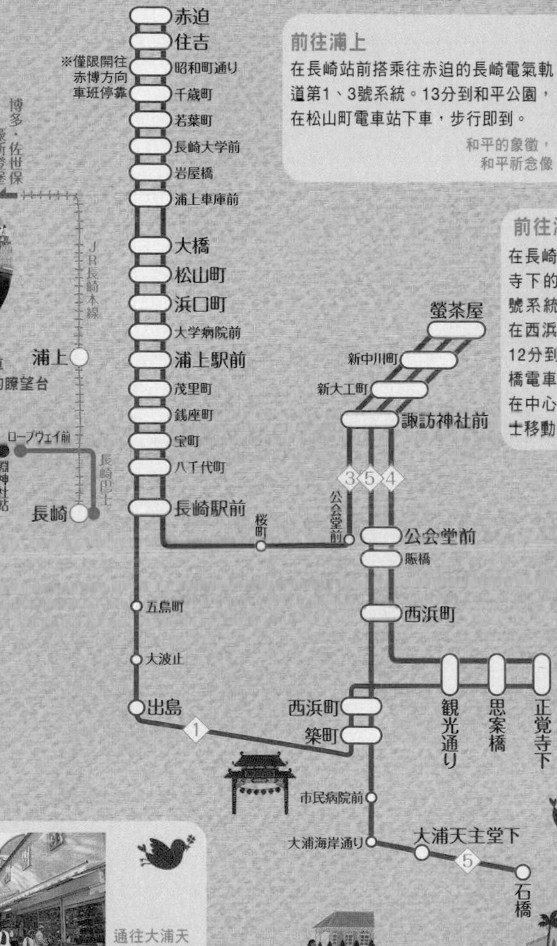

前往浦上

在長崎站前搭乘往赤迫的長崎電氣軌道第1、3號系統。13分到和平公園，在松山町電車站下車，步行即到。

和平的象徵，和平祈念像

前往濱町・思案橋

在長崎站前搭乘往正覚寺下的長崎電氣軌道1號系統。9分到濱町，在西浜町電車站下車。12分到思案橋，在思案橋電車站下車。兩者都在中心地帶，所以搭巴士移動也很方便。

前往稻佐山

長崎站前搭乘往下大橋、相川方向的長崎巴士約7分，ロープウェイ前下車後，步行往旁邊的淵神社站，搭乘長崎空中纜車約5分即可抵達稻佐山山頂。3月15日到12月15日之間，可從長崎站前搭長崎巴士5號系統的稻佐山直達車，約每30分一班。終點就在野外活動會場前。※2015年5月7日～2016年2月5日之間，長崎空中纜車因修建而停駛，期間改以臨時巴士運行

前往出島、長崎新地中華街

在長崎站前搭乘往正覚寺下的長崎電氣軌道1號系統。6分到出島，於出島電車站下車。7分到長崎新地中華街，於築町電車站下車，步行即到。

前往哥拉巴園

在長崎站前搭乘往正覚寺下的長崎電氣軌道1號系統7分，在築町電車站轉乘往石橋的5號系統6分，再於大浦天主堂站下車步行7分即到。

通往大浦天主堂、哥拉巴園的坡道

稻佐山
長崎站
出島
長崎新地中華街
哥拉巴園
南山手
東山手
眼鏡橋
諏訪神社
興福寺
崇福寺
寺町
風頭公園
風頭山
別冊6 南山手・東山手

長崎市區
正上方為北方
周邊圖▶別冊P.9
1:25,000
別冊8 平和公園
別冊4 長崎站
和平公園
浦上天主堂
浦上站
長崎市
稻佐山公園
金比羅山
天狗山
長崎大學病院
原子彈資料館
和平祈念像
立山公園
西山
江平
坂本
稻佐町
淵町
岩見町
長崎空中纜車

長崎觀光的必去景點 能眺望港灣的哥拉巴園

不想爬坡上哥拉巴園的人，可以搭乘通往第2入口的GLOVER SKY ROAD，會輕鬆許多喔♪

與長崎深具淵源的偉人，所居住的西洋建築多聚集在哥拉巴園內。
站在洋風建築的陽台上，眼底就是開闊的長崎港。
據說只要摸摸園內呈愛心形狀的石磚，戀情就會開花結果。

1

2

3

4

5

欣賞蘊藏故事的洋風建築

哥拉巴園

グラバー園

位於望向長崎港的山丘上，深受眾人喜愛的觀光景點。除了因貿易而累積莫大財富的托馬斯．布萊克．哥拉巴的故居之外，還有幕府晚期至明治時期的9棟洋風建築也在此地。

☎095-822-8223
住長崎市南山手町8-1 ⏰8:00～17:40（依季節而異）休無休 ¥610日圓
P無 🚉大浦天主堂下電車站步行6分
MAP別冊7B-4

1洋溢著復古異國風情的哥拉巴園 2彩色玻璃的吊燈如夢似幻 3遙望長崎港和被譽為夜景名勝的稻佐山 4漫步途中，在奧爾特故居的長椅上小憩片刻 5展示了哥拉巴的私人物品

哥拉巴故居

麒麟啤酒誕生的推手之一，哥拉巴氏的舊宅，是日本的重要文化財產，也是日本現存最古老的木造洋房。

哥拉巴的妻子阿鶴所使用的夫人房，走廊的天花板裡有一個隱藏式房間。據說是幕府晚期的志士秘密會議的地點，或許還藏匿過坂本龍馬！?

托馬斯．布萊克．哥拉巴是什麼樣的人？

1838年出生於蘇格蘭的哥拉巴，在21歲時來到日本。他創立了哥拉巴商會，支援幕府晚期的志士。明治時期以後藉由造船、煤礦等貿易，為日本的近代化帶來貢獻。據說日本國產啤酒品牌麒麟啤酒上的麒麟鬍鬚，就是以哥拉巴的鬍子為藍本。

在這裡休息片刻 自由亭喫茶室

じゆうていきっさしつ

將建於1878（明治11）年的道地西餐廳舊自由亭改建成的咖啡廳。從留有往日情懷的店裡，可以遠眺長崎港。

長崎蛋糕＆自由亭原創特調咖啡套餐780日圓

林格故居

1864（元治元）年左右來到日本的Frederick Ringer，是個跨足製茶、報紙、飯店業等多元事業的人物。是一棟建築物的外牆為石板的木造住宅。

沃克故居

在初期的日本海運業界留下諸多重要功績的英國人Robert Neill Walker，這是其次男Walker Jr.的舊宅邸。

奧爾特故居

以英國的貿易商身份來到日本的William J. Alt的舊家。1865（慶應元）年左右施工，由打造大浦天主堂的小山秀之進所建造之作，目前為重要文化財產。

舊三菱第二船塢宿舍

1896（明治29）年，三菱重工長崎造船所建設船渠時所蓋的西式建築，作為讓入港的外國船員休憩住宿的設施使用。

※至2016年4月因耐震工程而暫停開放

心形石能讓戀情成真？

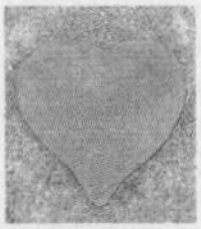

哥拉巴故居前庭的石板路當中藏有心形石，據說能讓戀情心想事成。如果找到了，就來摸摸石頭，說出你心中的願望吧！

附籤詩的心形石形狀餅乾，200日圓

伴手禮是這個

位於哥拉巴園出口處的「哥拉巴園商店（グラバーガーデンショップ）」裡，有明信片、鑰匙圈、香水等各種原創商品。

以和長崎相關的歌劇『蝴蝶夫人』為靈感來源的香水，50ml2700日圓

哥拉巴園的建築紙雕，各540日圓，共5種

哥拉巴園裡適合拍攝紀念照的地點很多，別忘了帶著你的相機來！

海風吹拂的海濱地帶
前往「日本起始之地」出島

曾經為日荷交流貢獻良多的「出島」。
造訪了異國文化首次紮根的地點之後，
在船笛聲響徹的海濱地帶遊晃，也是不錯的選擇。

商館長官邸
荷蘭商館長（甲比丹）的辦事處兼居所。曾在官員或地主來訪時，當做接待所使用。

舊出島神學院
建造於1878（明治11）年，是日本現存最古老的天主教神學院。經過多次的增建及改建，形成今日的樣貌。

一番船船頭室
曾是荷蘭船（一番船）的船長和商館員居所的建築。1樓是當做倉庫使用的土間，2樓是居住空間。

乙名室
負責出島的貿易事務及管理的「出島乙名」過去所使用的建築。1樓有關於乙名工作內容的介紹。

一號倉庫
用來收藏曾被視為珍貴進口物品的砂糖倉庫，為了防火而採用土藏造形式建造。

探訪「19世紀初的出島」

出島
でじま

出島是日本鎖國時期向西方世界開啟的唯一窗口，包含「商館長官邸」等10棟重現原貌的建築物在內，共有15棟建築開放為博物館供民眾參觀，依時代考據重現的各式生活用品也很有看頭。

☎095-821-7200（出島綜合服務處）
長崎市出島町6-1
8:00～17:40（依季節可能延長）
休 無休 ¥ 510日圓 P 無
出島電車站即到 MAP 別冊5A-4

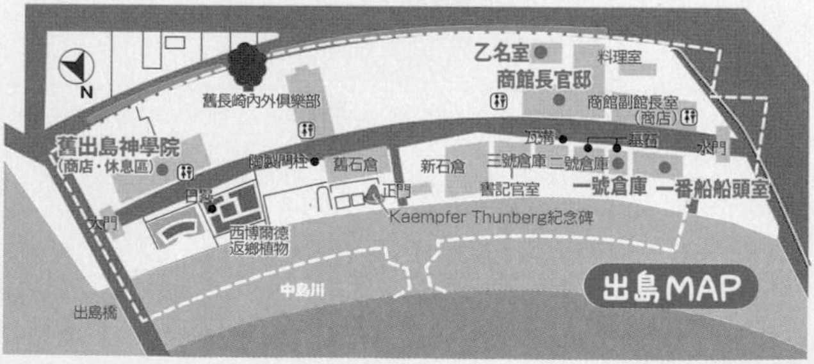

由出島傳出的各種東西

出島比日本的其他地方，更早接收到各式各樣的外國文化。荷蘭商船所帶來的啤酒和咖啡、羽毛球等物品，據說就是經由出島傳向全日本的。

重點看過來

基石

建造時墊在下方的基石被挖掘出土，可以在一號倉庫及二號倉庫觀賞。

日晷

1766（明和3）年赴任的荷蘭商館長Herman Christian Kastans所設置的日晷複製品。

陶柱

來自荷蘭的Petrus Regout瓷器公司所製造的陶柱，推測為出島某家店的柱子。

出土物有這些！

康白度瓶

放酒或醬油用的陶瓷瓶，是在長崎縣的波佐見製造。

洋槍

於商館長官邸出土，同一地點也發現了子彈。一般認為是19世紀中期被帶進出島。

出島步行範圍內的順道一遊景點

有餐廳等店家雲集

在看得到海的露台休息片刻

長崎出島碼頭

出島步行5分

ながさきでじまワーフ

面向長崎港的複合設施。木板地的廣場上，有和食、西餐、中國菜等餐廳，還有理髮院、戶外用品店等20餘家各具風格的商店。露台座位上海風徐徐，夜景很漂亮。

複合設施 ☎095-828-3939

⌂長崎市出島町1-1

🕒依店家而異

休 依店家而異

P 有

🚉 出島電車站即到

HP 別冊5A-4

夜晚燈光點上之後燦爛輝煌

水邊有四季花卉點綴

運河環繞的水與綠意療癒景點

長崎水邊之森公園

出島步行10分

ながさきみずべのもりこうえん

占地約7.6公頃的腹地內，有全長900公尺的運河蜿蜒的長崎港邊公園。設有草地公園、水之庭園的整體設計，更榮獲了GOOD DESIGN金獎，是一個能親身感受水與綠意的療癒地點。

公園 ☎095-818-8550（管理事務所）

⌂長崎市出島町286-10

🕒免費入園

P 有 🚉 出島電車站步行5分

HP 別冊7A-1

面向長崎港的草皮廣場

每週更換內容的義大麵套餐附沙拉、麵包、餐後飲料才880日圓

位於運河邊的玻璃屋餐廳

水辺の公園レストラン

出島步行10分

みずべのこうえんレストラン

位於長崎水邊之森公園裡的咖啡餐廳，晚上由店內望出去的夜景非常美麗。可以在這裡邊看著運河，邊享用甜點或午晚餐。餐點以義大利菜和法國菜為主。

餐廳 ☎095-811-6222

⌂長崎市常磐町1-15

🕒11:00～22:30

休 無休 P 有

🚉 市民病院前電車站旁

HP 別冊7B-2

有多扇玻璃窗的店內空間相當有情調

老街風情洋溢
映襯懷舊鄉愁的眼鏡橋

相傳是為了造訪興福寺的參拜者而架設的眼鏡橋，
周邊有成排自古以來的商店與民宅，是一個留有老街風情的地方。
尋找隱身在巷弄間的店家，也是漫步街區的樂趣。

日本第一座石造拱橋，在1960（昭和35）年被指定為重要文化財

夜晚映照在河面上的光線好夢幻。可以清楚地看見眼鏡形狀

在眼鏡橋附近的石牆尋找心形石吧

中島川上的倒影宛如眼鏡
眼鏡橋

めがねばし

相傳是在1634（寬永11）年間，由興福寺的第二代住持，中國江西省出身的默子如定所架設。因為橋身和倒映在河面上的倒影看起來像一副眼鏡而得此名。

☎095-822-8888(長崎市客服中心)
住長崎市魚の町 ¥自由參觀 P無
交公会堂前電車站步行5分 MAP別冊4C-3

＼當做散步途中的點心／

手推車攤販的冰淇淋

包括眼鏡橋在內，長崎市內的主要觀光景點都可見其蹤影的「前田冷菓」冰淇淋小販，是長崎的知名景象。吃得到碎冰的牛奶雪酪冰淇淋一球150日圓。在冬季或是下雨的日子，有可能會休息。

☎無
住眼鏡橋附近及長崎市內
MAP別冊4C-3

以前都是搖著手鐘叫賣，所以又被叫做「叮鈴叮鈴冰淇淋」

老闆不忙的時候，只要跟他說一聲，老闆就會用刮刀幫你把冰淇淋做成一朵玫瑰花的形狀

眼鏡橋步行範圍內的順道一遊景點

愛上古早味良品
馬場骨董店

眼鏡橋 步行4分

ばばこっとうてん

將約90年前的商家改建而成的骨董店，販賣享保雛人偶、江戶時期的伊萬里燒等日本各地的骨董品、古布。擺滿到店門前的商品中，還有價格不到100日圓的骨董品。

骨董 ☎095-823-5226
長崎市諏訪町9-3 9:00～19:00
休 不定休 P 無
公会堂前電車站步行3分
MAP 別冊4C-3

↑建築和店內商品互相輝映，利用深富歷史的店家改造
→伊萬里燒和中國製的盤子等100日圓起

重現江戶時代初期的咖啡
南蛮茶屋

眼鏡橋 步行即到

なんばんちゃや

將咖啡剛經由荷蘭商船引進的江戶初期，尚被稱作「南蠻茶」的當時風味以Strong Coffee（450日圓）之名重現江湖。店內陳列著讓人思懷南蠻風情的古董。

咖啡廳 ☎095-823-9084
長崎市東古川町1-1
13:00左右～23:00 休 無休
P 無 賑橋電車站即到
MAP 別冊4C-3

↑建築物原是江戶時期的民宅，店內播放著50年代的爵士樂
→咖啡由店主一杯一杯親手沖泡

表情惹人憐愛的古賀人偶好療癒
想い出

眼鏡橋 步行即到

おもいで

專賣日本三大人偶之一，長崎縣傳統工藝品古賀人偶的工藝品店。純手工製造的古賀人偶，一年只進貨4次左右。純樸又帶有溫度的表情，讓人感受到手工的溫暖。

工藝品 ☎095-820-6102
長崎市諏訪町6-22 11:00～19:00
休 週日 P 無
賑橋電車站步行5分 MAP 別冊4C-3

↑古賀人偶一尊1000日圓至70000日圓左右
→陳列著古賀人偶和長崎琉璃等的工藝品

眼鏡橋周邊MAP

在復古咖啡廳喝杯茶
elv cafe

眼鏡橋 步行即到

エルブ カフェ

玻璃燈罩和留下歲月痕跡的古董傢俱，讓店裡充滿了摩登的氣息。使用長崎縣產的蔬菜以及12種香料熬煮而成的自製蔬菜咖哩，或是當店烘焙的起士蛋糕，都很受到歡迎。

咖啡廳 ☎095-823-5118
長崎市栄町6-15 11:00～19:00（週五六日、假日前日21:00～24:00也有營業）
休 週一、第3週四 P 無 賑橋電車站即到
MAP 別冊4C-3

←有香濃起士味的elv起士蛋糕、特調咖啡各500日圓

→週五六日、假日前日的晚間9時以後需加收300日圓

盡享異國情懷 南山手的洋館巡禮

作為外國人居留地而繁榮一時的南山手，
是最能感受到長崎濃濃異國風情的地區。
不妨隨興所至四處逛逛，盡情享受愜意的散步時光吧。

負責施工的是建造哥拉巴故居的小山秀之進

小・小・旅・程・提・案

START 大浦天主堂下電車站
步行6分
1 大浦天主堂
步行3分
哥拉巴園(→P.22)
步行3分
2 長崎南山手美術館
步行即到
3 石ころ館 長崎
步行即到
4 祈禱之丘繪本美術館
步行即到
5 舊香港上海銀行長崎分店紀念館
步行3分
GOAL 大浦天主堂下電車站

……建議行程

日本最古老的木造哥德式教堂
1 大浦天主堂
おおうらてんしゅどう

由法國的Furet和Petitjean兩位神父在1864（元治元）年創建。在現存的建築物當中，是日本最古老的木造哥德樣式建築，教堂內的彩繪玻璃值得一看。

教堂 ☎095-823-2628
⌂長崎市南山手町5-3 ⏲8:00～17:45
休無休 ¥300日圓 P無 🚉大浦天主堂下電車站步行6分 MAP別冊7B-4

圓形的「玫瑰窗」是常見於哥德式建築和大教堂的樣式

大浦天主堂的彩繪玻璃特別美麗

整個繞上一圈 **3小時**

建議出遊Time **9:00-17:00**

由長崎電氣軌道的大浦天主堂下電車站出發。大浦天主堂的不遠處就是哥拉巴園（P.22），所以建議將哥拉巴園也放入行程中，一併參觀遊覽。由於這條路線是上坡行程，最好穿雙舒適好走的鞋子出門喔。

搭人力車繞行知名景點

要周遊南山手一帶的觀光景點，搭乘人力車也是一種方便的方式。所需時間為5分至3小時20分，費用1000日圓起。車伕會在通往哥拉巴園的坡道入口處（MAP 別冊7B-3）等候遊客。

●洽詢／☎095-824-4367（俥屋）

展示長崎的寶物

2 長崎南山手美術館

ながさきみなみやまてびじゅつかん

這裡展示了代代從事海運的常川和宏所收藏的寶物，有勝海舟和西鄉隆盛的書信、川原慶賀的畫作、龜山燒、海外貿易相關資料等等，都是超越了私設美術館領域的一級品。

美術館 ☎095-870-7192
長崎市南山手町4-3
10:00～17:30（每月16日為15:00開館）休 無休 ¥ 500日圓 P 無 大浦天主堂下電車站步行6分
MAP 別冊7B-4

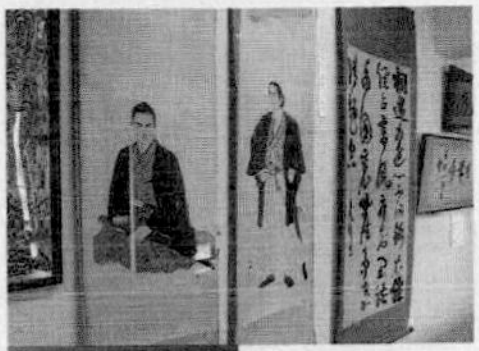

平時約有100件左右的展示品可鑑賞

在附設咖啡廳可品嘗到的幕末咖啡800日圓。使用的容器相傳為日本最早的咖啡杯

琳瑯滿目的天然寶石雜貨

3 石ころ館 長崎

いしころかん ながさき

位於哥拉巴園出入口附近，店裡有用玻璃和天然寶石製成的飾品和小東西，還可以免費嘗試四神占卜，或是詢問自己的幸運石。

雜貨 ☎095-818-4000
長崎市南山手町4-15
9:30～17:30
休 無休 P 無 大浦天主堂下電車站步行7分
MAP 別冊7A-4

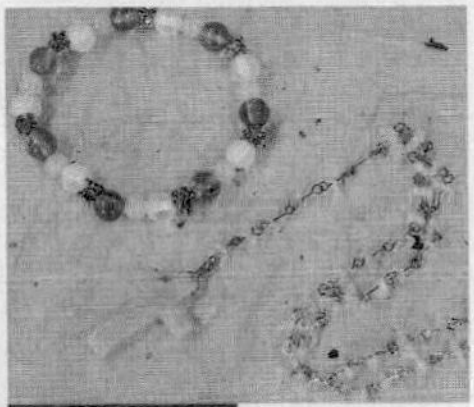

紅水晶的念珠項鍊2500日圓，草莓晶×紅水晶的手鍊1600日圓（皆為未稅）

也有販賣製作飾品用的零件

繪本的夢幻世界無限蔓延

4 祈禱之丘繪本美術館

いのりのおかえほんびじゅつかん

以收集繪本中的插畫作品為主的繪本美術館，每3個月就會舉辦一次企畫展。1樓有童書專門店「童話館」，還附設了禮品店和圖書閱覽區。

美術館 ☎095-828-0716
長崎市南山手町2-10
10:00～17:30
休 週一（逢假日則翌日休）
¥ 300日圓 P 無 大浦天主堂下電車站步行5分
MAP 別冊7B-3

依作家將繪本的原畫作分類展示

明治初期的西式風情建築

古代神殿風格的石造洋館

5 長崎市舊香港上海銀行長崎分店紀念館

ながさきしきゅうほんこんしゃんはいぎんこうながさきしてんきねんかん

1904（明治37）年建造的3層樓建築，在分布於長崎市內的石造洋館當中，屬規模最大的建築物。採古代神殿風的石造門面等，蘊藏多種技巧高超的建築樣式值得細看。

紀念館 ☎095-827-8746
長崎市松が枝町4-27
9:00～16:40 休 無休
¥ 300日圓 P 無
大浦天主堂下電車站步行3分
MAP 別冊7B-3

矗立於國道499號沿路

華麗的柱頭為哥林斯式的特色

通往哥拉巴園、大浦天主堂的坡道上，有各式各樣的店鋪集結，在那裡尋找伴手禮也很有趣喲。

荷蘭人曾經熙來攘往
東山手的異國風情散步

過去曾坐擁美國及俄羅斯的領事館、禮拜堂等設施的東山手，
只要踏上自古以來便鋪整上的石板坡道，
便彷彿跳進時光隧道回到從前。

由7棟住宅組成的東山手洋風住宅群

追尋私塾和周邊區域的歷史

1 東山手十二番館

ひがしやまてじゅうにばんかん

作為「長崎市舊居留地私塾歷史資料館」開放一般民眾參觀，介紹外國人居留地時期創設的多所私塾歷史，以及與這些私塾相關的人物。館內也有周邊地區的資料。

資料館 ☎095-827-2422
長崎市東山手町3-7
9:00～17:00
休 無休 ¥ 免費 P 無
大浦海岸通電車站步行7分
MAP 別冊7B-2

展示了訴說歷史的生活用品和文獻

小・小・旅・程・提・案

START 大浦海岸通電車站
↓ 步行7分
1 東山手十二番館
↓ 步行即到
2 東山手洋風住宅群
↓ 步行即到
3 長崎孔子廟中國歷代博物館
↓ 步行3分
GOAL 大浦天主堂下電車站

長崎最有名的坡道

荷蘭坂

以前長崎人都把西方人喚做「荷蘭桑」，而他們所居住的坡道就全被稱為荷蘭坂。當中最有名氣的，就是由長崎新地中華街通往活水學院的這一條石板坡道。

整個繞上一圈
2小時

建議出遊Time
9:00-16:30

由大浦海岸通站所在的大馬路，穿過往後方延伸的荷蘭通，前往東山手。居留地時期曾有不少的公共設施，因此石板道路做的又寬又大。東山手十二番館、東山手「地球館」等建築佇立的「荷蘭坡」是長崎最具代表性的風景之一。

對紅色蠟燭許下心願

長崎孔子廟的拜殿前可看到紅色蠟燭（100日圓），據說將這紅色蠟燭立起、許下願望，是傳自中國的習俗。要不要也來許個願望看看呢？

7棟建築當中有6棟可入內參觀

曾有外國人居住的7棟洋館

2 東山手洋風住宅群

ひがしやまてようふうじゅうたくぐん

日本選定的重要傳統建築物保存地區中，由7棟建築所組成的洋風住宅群。據傳前身是公司宿舍和租屋處，現在內部則做為傳承長崎的居留地和街景歷史的資料館，屬長崎市的有形文化財。 MAP別冊7B-3

這裡值得一看

東山手「地球館」

ひがしやまて「ちきゅうかん」

長崎國際交流塾的據點。1樓的咖啡廳每逢週六、日及假日，就會邀請來自不同國家的外國人製作他們的家常菜當做店內午餐。午餐800日圓起。

蘋果蛋糕和印度奶茶套餐800日圓

各國料理、咖啡廳 ☎095-822-7966
長崎市東山手町6-25 10:00～16:30（午餐12:00開始，售完為止）休週二三（遇活動時不可入館，需確認）P無 石橋電車站步行3分 MAP別冊7B-3

古寫真資料館·埋藏資料館

こしゃしんしりょうかん・まいぞうしりょうかん

古寫真資料館展示了日本首位商業攝影師上野彥馬所拍攝的照片。埋藏資料館裡則陳列著由江戶時期的近代遺跡中出土的文物。

重現了上野彥馬的攝影棚

資料館 ☎095-820-3386
長崎市東山手町6-25 9:00～17:00 休週一（逢假日則開館）¥100日圓（2館共通入館券）P無 石橋電車站步行4分 MAP別冊7B-3

中國建築之美與國寶級文化財產

3 長崎孔子廟中國歷代博物館

ながさきこうしびょうちゅうごくれきだいはくぶつかん

1893（明治26）年，由於清朝的提倡，建立了這座在中國國外唯一由中國人打造的孔子廟。廟後方的博物館，展示了由中國國內的博物館借來的珍貴文化財產。

廟·博物館 ☎095-824-4022
長崎市大浦町10-36
8:30～17:00
休無休 ¥600日圓 P有
大浦天主堂下電車站步行3分 MAP別冊7B-3

1祭祀孔子像的大成殿，金碧輝煌的裝飾非常吸睛 2融合了華南與華北建築樣式，有著美麗色彩的建築 3以孔子弟子為雕塑對象的七十二賢人像 4展現了精雕細琢手藝的展示品 5中國歷代博物館中，有從中國國內博物館借來的中國文化財

在天使鐘聲響起的浦上 祈求永遠的和平

原子彈落下的浦上地區，散布著和平公園、長崎原子彈資料館等與戰爭、和平息息相關的景點。
來此重新體會和平的尊貴，度過一段別具意義的時光。

和平公園的和平之泉，以象徵和平的鴿子以及展翅的鶴為主題的噴水池

小・小・旅・程・提・案

START 浜口町電車站
↓ 步行5分
1 長崎原子彈資料館
↓ 步行8分
2 和平公園
↓ 步行7分
3 フルーツいわなが
↓ 步行即到
4 浦上天主堂
↓ 步行10分
5 ガラス工芸 南蛮船
↓ 步行5分
GOAL 大橋電車站

介紹現代核子武器的展區

長崎縣出身的雕刻家北村西望製作的和平祈念像

訴說核爆的慘狀與和平的珍貴
1 長崎原子彈資料館
ながさきげんばくしりょうかん

除了展出核爆慘況的諸多資料外，以淺顯易懂的方式說明原子彈落下前的經歷、爆炸後直至今日的長崎復興歷程，以及核武開發的歷史等，能深切感受原子彈的可怕威力。

資料館 ☎095-844-1231
長崎市平野町7-8 8:30～17:00(5～8月至18:00、8月7～9日至19:30) 休 無休 ¥ 200日圓 P 有 浜口町電車站步行5分 MAP 別冊8B-2

聳立著和平祈念像
2 和平公園
へいわこうえん

以和平祈念像為象徵，祈求永恆和平的公園。雖然戰爭剛結束時曾謠傳「75年後，草木不生萬物荒蕪」，現在以蔥鬱綠意環抱的公園而名聞遐邇。

公園 ☎095-822-8888(長崎市客服中心)
長崎市松山町 ¥ 自由入園 P 有
松山町電車站即到 MAP 別冊8B-1

周邊MAP 別冊8B-2　━…建議行程

整個繞上一圈
3小時

建議出遊Time
8:30-17:00

從浜口町電車站出發。雖然各景點之間可徒步移動，但是沿途徐緩坡道綿延、路程較長，所以中途搭計程車也是個聰明的辦法。出門前，別忘了換上適合走路的鞋子，並帶上一瓶水。

原子彈落下的廢墟如今是賞櫻景點

浦上周邊為了復興而種植許多植物，現在已搖身一變，成為市內數一數二的綠意盎然區域。位於和平公園附近的原子彈落下中心地周邊，還是賞櫻的知名地點呢。

品嘗色彩繽紛的水果喘口氣

3 フルーツいわなが

這是一間由水果店經營的咖啡廳。將水果挖空，再於裏頭注入水果寒天的寒天甜點相當受到歡迎。點餐後才現榨的果汁則會隨著季節更換水果口味。

咖啡廳 ☎095-844-4311
長崎市平和町9-8 岩永ビル1F 9:00～19:00（咖啡廳為10:00～17:00）休 週日(有臨時休)
P 有 松山町電車站步行8分 MAP 別冊8C-1

使用了大量木材，散發明亮氣氛的店內空間

亮晶晶寒天680日圓。加了草莓和蘋果萃取液的寒天，口感Q彈相當美味

擁有2座塔的「祈禱之家」

4 浦上天主堂

うらかみてんしゅどう

重建於原子彈爆發的廢墟遺跡上，1981（昭和56）年若望保祿二世訪日前，依照爆炸前的模樣改建。一度因爆炸波給彈飛的其中一座天使鐘，至今仍在使用中。

教堂 ☎095-844-1777
長崎市本尾町1-79 9:00～17:00
休 週一(逢假日則翌日休) ¥ 免費 P 無
松山町電車站步行10分 MAP 別冊8C-1

洋溢著肅穆氣息的天主堂內部

藍天更能映襯出兩座紅磚高塔的天主堂，一般民眾也能參加望彌撒

師傅技藝大放異彩

5 ガラス工芸 南蛮船

ガラスこうげい なんばんせん

擁護者遍佈日本全國的玻璃工坊。採用長崎從古早流傳至今的「鑽石雕刻」技法製造出的玻璃作品，有著由濃到淡的漸層色彩，設計手法十分嶄新。

工藝品 ☎095-845-5300
長崎市橋口町16-23 10:00～18:00
休 週日 P 無 大橋電車站步行5分
MAP 別冊8B-1

展示販賣玻璃作品

在光線下可看出作品獨特的立體感

緊鄰長崎原子彈資料館的國立長崎原子彈死難者追悼和平祈念館（MAP 別冊8B-2）是一座由光和水交織而成的建築，得過數座建築獎。

遙思幕府晚期的英雄人物
追尋坂本龍馬的足跡

幕府晚期的長崎，以坂本龍馬活動的據點之一而聞名。
雖然對愛好日本歷史的人來說無非是一大樂趣，
以下將整理出即使不是歷史迷，也能盡情享樂的龍馬相關景點。

看起來年輕又充滿活力的坂本龍馬像

龍馬相關景點MAP

小・小・旅・程・提・案

START **風頭山巴士站**
步行5分
1 **風頭公園**
步行8分
2 **若宮稻荷神社**
步行即到
3 **龜山社中資料展示場**
步行即到
4 **龍馬的靴子銅像**
步行即到
5 **長崎市龜山社中紀念館**
步行11分
GOAL **新大工町電車站**

與坂本龍馬、上野彥馬
深具淵源的公園

1 風頭公園

かざがしらこうえん

爬上龍馬通後眼前就是這座公園。由高4.7公尺的坂本龍馬像所矗立的瞭望台能眺望長崎港，旁邊還有幫龍馬及桂小五郎拍照的日本攝影始祖──上野彥馬的墳墓。

公園 ☎095-822-8888(長崎市客服中心)
長崎市風頭町 自由入園 P 無
風頭山巴士站步行5分
MAP 別冊4D-3

龍馬在這裡
許下了什麼願望呢？

2 若宮稻荷神社

わかみやいなりじんじゃ

由於坂本龍馬等幕府晚期的志士多來此參拜，而廣為人知的神社。位於被一片綠意籠罩的小巷子裡，紅色的鳥居顏色鮮明。每年10月14、15日舉行大祭時，會有打扮成白狐狸的年輕人，爬到竹竿上表演「竹ン芸」。

神社 ☎095-822-5270
長崎市伊良林2-10-2
自由參拜 P 無 新大工町電車站步行15分 MAP 別冊4D-3

幕府晚期的許多志士都造訪過這裡，也因此有勤皇稻荷、勤皇神社之稱

整個繞上一圈 2小時

建議出遊Time 8:30-17:00

要前往行程起點的風頭山巴士站，得從長崎站前搭乘巴士。往風頭山的長崎巴士每小時有2班車。由於能在短時間內繞完所有景點，建議將眼鏡橋（P.26）周邊也一併列入行程中。

長崎的龍馬迷負責管理的資料館

3 龜山社中資料展示場

かめやましゃちゅうしりょうてんじじょう

會員人數130多名的「亀山社中ば活かす会」負責管理、經營的資料館。除了坂本龍馬外，還展示了龜山社中．海援隊士、幕府晚期志士、幕府晚期及明治時期的長崎風景照等文獻。

場內展示了實際大小的龍馬相片

資料館 ☎095-828-1454(限開館日)
長崎市伊良林2-9-2 ⌚9:00～16:30 休 週一～五(逢假日則開館)
¥免費 P無 新大工町電車站步行15分 MAP別冊4D-2

穿上靴子變身為龍馬

4 龍馬的靴子銅像

りょうまのぶーつぞう

一提到龍馬，就會聯想起他有名的袴裝加靴子的打扮。仿造龍馬靴子製作的這座銅像，鞋子尺寸約為60公分。可以把雙腳踏入兩隻靴子裡拍攝紀念照喔。

因為龍馬活躍於海運、海軍領域，所以在手邊還附上了船舵

銅像 ☎095-822-8888(長崎市客服中心)
長崎市伊良林 ⌚免費參觀 P無
新大工町電車站步行11分
MAP別冊4D-2

日本首間公司的遺址

5 長崎市龜山社中紀念館

ながさきしかめやましゃちゅうきねんかん

1865（慶應元）年由坂本龍馬創立的日本第一間商社「龜山社中」的遺址。復原當年的格局，盡可能重現昔日風貌，館內展示了和龍馬相關的各式物品，還有據說是龍馬曾藏身的夾樓層。

展示了龍馬的家紋和服複製品、在這裡製造出來的古老龜山燒等物品

紀念館 ☎095-823-3400
長崎市伊良林2-7-24 ⌚9:00～16:45 休 無休 ¥300日圓 P無
新大工町電車站步行15分 MAP別冊4D-3

順道一遊景點

隱元禪師相關的日本最古老唐寺

興福寺

こうふくじ

建於1620（元和6）年，日本最古老的唐寺。建設眼鏡橋的默子、長崎南畫的始祖逸然，及明朝高僧隱元等名僧都曾是這裡的住持，也是四季豆和明體字的發源地。境內的建築十分值得觀賞。

寺院 ☎095-822-1076
長崎市寺町4-32 ⌚8:00～17:00
休 無休 ¥300日圓 P有 公会堂前電車站步行8分 HP別冊4D-3

一定得瞧瞧日本的重要文化財，大雄寶殿

以興福寺的一大象徵，蘇鐵的心型種子做為設計的護身符

發現好東西

長崎風情陶製模型
1盒20個 2700日圓

做成坂本龍馬和長崎蛋糕造型的陶製模型（おはじき），未上釉藥的質感散發純樸風味。

●中の家旗店
DATA P.63

藝術鑑賞、咖啡廳、稀有商品…
盡情感受博物館的藝文氣息

在此介紹長崎的2大博物館：長崎縣美術館和長崎歷史文化博物館。
除了各別的展品外，咖啡廳、美術館禮品店等口耳相傳的情報，
都在這裡確認過後再前往吧。

東洋首屈一指的西班牙美術收藏

長崎縣美術館

‖出島‖ながさきけんびじゅつかん

緊鄰長崎水邊之森公園（P.25）的美術館。收藏明治時期後與長崎相關的美術品，以及畢卡索、米羅、達利等人的作品，每年更換展品數次，將館內屬東洋規模最大的西班牙美術作品介紹給大眾。館藏約有6500件。

☎095-833-2110
長崎市出島町2-1 10:00～20:00
休 第2、4週一（逢假日則翌日休）
¥ 館藏展400日圓（企劃展另計） P 有
出島電車站步行3分 MAP 別冊7B-1

由運河流過中央的2棟建築構成

法國的鄉村

山本森之助作

由長崎出生的西畫家所繪製。在巴黎近郊的鄉村維特伊創作的風景畫

施洗者聖約翰

MASTER OF PEREA作

16世紀初葉在西班牙瓦倫西亞繪製的宗教畫

各式各樣寶物
收藏品

長崎奉行所的建築變成博物館了

長崎歷史文化博物館

‖立山‖ながさきれきしぶんかはくぶつかん

藉由出現在教科書中的各種資料，讓人進一步認識留有國際交流歷史的長崎。陳列方式別出心裁，無論男女老幼都能樂在其中也是這裡的特色。部分建築是自長崎奉行所修復而成。

☎095-818-8366 長崎市立山1-1-1
8:30～18:30 休 需洽詢 ¥ 需洽詢 P 有
桜町電車站步行5分 MAP 別冊4C-1

將長崎奉行所立山役所遺址重建而成的建築

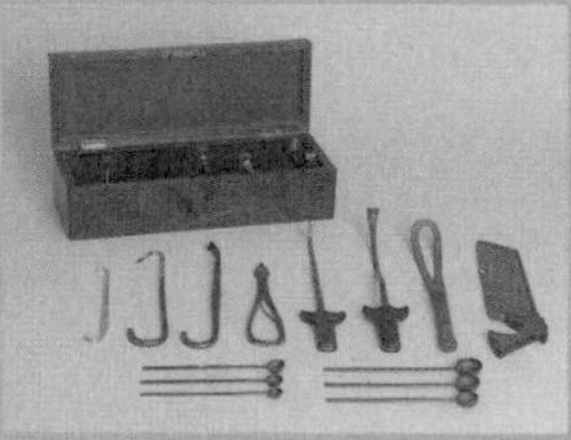

西博爾德所使用的醫療器材組

西博爾德的子孫楠本家所流傳下來的珍貴醫療器材
（楠本稻舊藏／長崎歷史文化博物館收藏）

上野彥馬的相機

幕府晚期～明治時期
作者不詳

日本攝影的始祖上野彥馬使用過的相機中，目前僅存的唯一一台

※展品有變更的可能

長崎縣美術館距離長崎水邊之森公園很近，可以和（P.24）的「出島」排在同一天的行程裡。由於美術館營業至晚上8時，若是接近傍晚時來參觀，從頂樓眺望夜景也很不錯喔。

優雅的咖啡廳時光

美術館咖啡廳

能眺望運河、有著大片落地窗的咖啡廳，餐點由法國料理界的大師上柿元勝統籌監製

店內使用隈研吾設計的桌椅

レストラン銀嶺

創業於1930（昭和5）年，是長崎的老字號西餐廳。在博物館開幕時，將店面遷移至此，重新開張。銀嶺午餐900日圓。

店裡有老闆當作興趣收藏的古董裝飾點綴

伴手禮就在美術館禮品店

長崎貓吊飾（鑰匙圈）

各500日圓（未稅）

長崎縣美術館的獨家商品。貓咪肚子上的圖案，象徵橫跨運河的美術館。

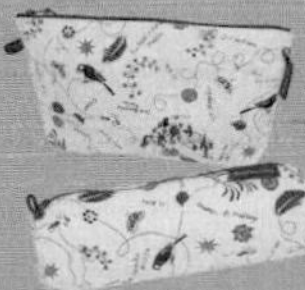

化妝包

2500日圓

筆袋

2100日圓

（均為未稅）

西班牙普拉多美術館的周邊商品，在日本只有這裡能買得到

原創托特包

1944日圓

A4尺寸的文件可輕鬆放入的托特包。設計的靈感來源是南歐民族的服裝

長崎的和三寶

874日圓

使用和三盆糖，做成南蠻船等長崎意象形狀的乾菓子

外加一點小情報

日本的代表性建築師，隈研吾的設計

與長崎港相鄰的這棟美術館建築，是活躍於國際的隈研吾所設計

頂樓的視野絕佳

館內除了展覽廳之外都不需入場費。在頂樓庭園可以眺望長崎港、女神大橋

精彩的「審判」短劇一定要看!!

每週六日、假日，除了下午1時之外，從上午11時到下午3時30分一天4場，上演每次15分鐘左右的短劇。故事情節以過去在長崎奉行所發生的判決為主軸，有時候還能讓觀眾臨時軋一角。

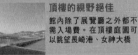

兩間博物館皆可在官網查詢特展檔期，建議事先確認後再造訪喔。

受到令人垂涎的香味吸引
吃遍長崎新地中華街

大紅色的牌坊裏邊就是小小的中國城。
石板鋪成的十字路口上有餐廳、雜貨店、糕餅店等
約莫30多家商店林立，讓你體驗置身於「中國」的氛圍。

整個繞上一圈 **30分**

建議出遊Time
10:30-20:00

長崎新地中華街（MAP）別冊
6C-1）其實佔地不廣。覺
得有趣的店家就算一間一
間進去逛逛，約30分就能
繞完。假日的午餐時刻每
間店都會大排長龍，最好
在中午以前入店。

正統刈包、東坡肉很受歡迎
会楽園
かいらくえん

將福建省出身的上一代老闆所做的菜，
調整為日本人喜歡的口味。煮到軟嫩的
東坡肉風評極佳，用白饅頭夾著吃，就
是正統的刈包（角煮まん）。中國樣式
的建築相當豪華。

中國菜 ☎095-822-4261
🏠長崎市新地町10-16 🕚11:00～
15:15、17:00～20:15 休每月2次不
定休 P無 🚋築町電車站即到 MAP別
冊6C-1

東坡肉 2塊1100日圓 豬肉已煮
到軟爛，用筷子就可以切斷

蝦多士 4塊600日圓 吐
司麵包夾著蝦肉泥和豬絞
肉下去炸，是中國風味的
長崎鄉土菜

心型月餅是味覺與視覺雙重享受
福建
ふくけん

以中式糕餅為主，專賣麵類、廣式點
心等中國食材。融入醫食同源概念的
點心約有20種左右。包有核桃及葡萄
乾內餡的月餅很受歡迎，尤其心形的
「蓮華」賣得最好。

中國菜 ☎095-824-5290
🏠長崎市新地町10-12 🕘9:30～21:00
休無休 P無
🚋築町電車站即到 MAP別冊6C-1

菊雙喜 105日圓

月餅 60日圓～
形狀很討喜，讓人捨不得吃下肚！

長崎新地中華街MAP

周邊MAP 別冊6C-1

↑
築町電車站
出島電車站↙

築町通り

長崎電氣軌道

大浦天主堂下電車站

哥拉巴園

新地製麵●

好好吃喔！

來一碗豪華的特級強棒麵吧

中国菜館江山楼中華街本店

ちゅうごくさいかんこうざんろうちゅうかがいほんてん

創業60多年的中國餐館。100%的純雞湯裡，加入魚翅、干貝、海參等20多種食材的「特級強棒麵」深受饕客的喜愛。對面是外賣專門店。

王大哥的特級強棒麵
1500日圓（未稅）
內有魚翅、干貝、大蝦等20種配料

中國菜 ☎095-821-3735
長崎市新地町12-2 11:00～20:30 休 無休 P 無
築町電車站步行3分 MAP 別冊6C-1

上電視後一躍成為知名店家

三栄製麵

さんえいせいめん

製造販售長崎強棒麵、長崎燴麵等商品的店家。附配料的冷凍強棒麵經電視節目介紹後聞名全日本。店裡也有販賣用於拉麵的麵條。

生強棒麵
2份400日圓
附有湯包，只要備齊食材就能在家吃到正統的強棒麵

製麵所 ☎095-821-6357
長崎市新地町10-12
7:00～19:00 休 無休 P 無
築町電車站即到 MAP 別冊6C-1

鎖定水果大福

双葉屋

ふたばや

招牌商品是包進大塊新鮮水果的「水果大福」。不只內餡精彩，外觀也做得跟真的水果一樣超級可愛。共有蘋果、巨峰葡萄、枇杷等15種口味。

水果大福 各190日圓
外型可愛的水果大福也能宅配到日本各地

和菓子 ☎095-823-8581
長崎市新地町8-12 9:30～19:30(售完即打烊) 休 不定休
P 無 築町電車站步行3分 MAP 別冊6C-1

6月中旬起至8月，長崎新地中華街的路上會有成排賣煙火的店。種類豐富，不妨逛一逛。

價格實惠且超級有趣
在中國城尋找中國雜貨

鮮豔的紅、黃色平價小物、讓人會心一笑的有趣雜貨，
帶點性感味道的旗袍、美容食品…。
中國雜貨店裡總有好多遊客會喜歡的東西，就算只是瞧一瞧也會發現許多樂趣。

從中國食材到旗袍一次網羅
泰安洋行

たいあんようこう

凍頂烏龍茶等中國茶、麻花捲和月餅等中式糕餅、中國食材、中國酒、旗袍、茶香爐等，店內備有各式各樣的中國商品，選擇豐富，2樓附設茶房。

中國雜貨、食品 ☎095-821-3455
⌂長崎市新地町10-15 ⏲10:00～20:00
休 不定休 P 無 🚉 築町電車站即到
MAP 別冊6C-1

龜苓膏 290日圓
含有豐富膠原蛋白的龜苓膏，可以直接吃，也可以淋上蜂蜜或加上水果品嘗

雲吞蝦子麵 900日圓
裡面沒有雲吞但不知為何卻取了這個名字，是把蝦卵揉進麵糰裡製成的麵，含湯包10份

令人發噱的雜貨就在這裡！
中国貿易公司

ちゅうごくぼうえきこんす

像是要從店門口滿出來一般，中國雜貨堆得像山一樣高的店。李小龍、毛澤東、貓熊等主題商品琳瑯滿目，要送朋友有趣禮物就來這裡挑。

中國雜貨 ☎095-823-3222 ⌂長崎市新地町10-14 ⏲10:00～19:00
休 無休 P 無
🚉 築町電車站即到 MAP 別冊6C-1

熊貓頭側背小包 825日圓
和熊貓一樣毛茸茸的側背小包，掛在肩上或是脖子上可以增添可愛度

迷你餐具模型組 650日圓
畫有熊貓圖樣的餐具組，是可以整組放在手心上的迷你模型，賣完就沒了喲！

中國雜貨到點心款項豐富
長崎友誼商店

ながさきゆうぎしょうてん

位於長崎新地中華街正中央的中國雜貨店。除了中式糕餅和中國酒之外，還有功夫裝、旗袍等商品，也有不少琉璃、長崎蛋糕、強棒麵等長崎特產品。

中國雜貨、食品 ☎095-823-9137
⌂長崎市新地町10-9
⏲10:00～20:00 休 不定休 P 無
🚉 築町電車站步行3 MAP 別冊6C-1

玻璃金魚 620日圓
將中國視為繁榮表徵又帶有喜氣的金魚設計為擺飾。由於是手工製作，每一隻的配色、形狀、表情都不一樣

杏仁冰淇淋 280日圓
散發著杏仁溫和香氣的冰淇淋。另外還有皇家茉莉等共4種口味

沿路品嘗中式點心也別具樂趣

長崎新地中華街的樂趣之一，就是沿街吃遍各種點心。店門口販賣的肉包子、刈包等蒸製美食炊煙裊裊，走過想不買都很困難。一邊尋找伴手禮，一邊東吃一點西嘗一些，也是不錯的選擇喔。

茉莉黃菊仙桃 1個310日圓
只要注入熱水，紅色的千日紅與黃色的菊花就會綻放的茉莉花茶，能度過優雅的午茶時光

男、女T恤 各1980日圓～
把大極拳的24個基本動作當作印花的男裝，以及由傳統中式衣裳改造的女裝T恤

金魚孩童 一對368日圓
小巧可愛的人偶。據說金魚在中國是能招來財富與財運的魚

各種撲克牌 各866日圓
帶有強烈中國色彩的撲克牌，既復古又有趣。有多少張牌，李小龍就擺多少種姿勢，十分逗趣

阿拉伯玻璃吊飾 各370日圓
看起來像是海珊政權下的高官、阿拉伯人的人物吊飾。一整組4000日圓

花金豬撲滿 大1545日圓、小515日圓
頭上載著花飾的小豬撲滿，分大、中、小3種尺寸，要留意中和小的投幣孔較小

中國鞋 2160日圓
黑色底布上繡有黑色珠珠的中國鞋。簡單典雅，方便穿搭

中國製碗 各250日圓～
250日圓起的實惠價格實在太棒了。大小差不多比飯碗再小一些，想怎麼使用都可以

各式各樣的點心 各100日圓～
可外帶也可宅配至日本各地。除了包黑芝麻餡的芝麻球外，還有刈包、乾燒蝦仁包等，口味豐富

長崎新地中華街大約100公尺見方，即使每間店都進去逛也不會花太多時間，可以悠閒地享受購物樂趣。

說到長崎就非它莫屬
知名店家的長崎強棒麵非吃不可♪

長崎在地人最喜愛的靈魂食物，就是加入大量山珍海味、
營養豐富的強棒麵。堆得像山一般高的好料，
以及添加鹼水製作的麵條，造就驚人美味。

強棒麵 972日圓
作法和湯頭的味道始終如一

湯頭
商業機密

配料
蛋絲、蝦仁、花枝、豬肉、木耳、高麗菜、蔥、豆芽菜、魚板等共9種

第一代老闆就是強棒麵創始人
中華料理 四海樓

‖南山手‖ちゅうかりょうり しかいろう

創業於1899（明治32）年。第一代老闆陳平順以創造出長崎名產強棒麵而聞名。強棒麵裡加了肥厚的花枝腳以及蝦仁等多種海鮮，為湯頭增添鮮美口味。

☎095-822-1296
⌂長崎市松が枝町4-5 ⏰11:30～15:00、17:00～20:00 休不定休 P無
🚃大浦天主堂下電車站即到 MAP別冊7B-3

創業當時位於
唐人居住區的附近

研發出長崎強棒麵
的陳平順先生

得到老饕支持的有名店家
康楽

‖思案橋‖かんろ

位於思案橋橫丁的中國餐館。強棒麵在老饕之間的評價很高。碎肉強棒麵裡，有切成帶有喜氣含義的蝙蝠形狀紅蘿蔔，還有以刀雕花的食材，賣相鮮豔華麗。

☎095-821-0373
⌂長崎市本石灰町2-18 ⏰18:00～24:00
休週一（連假含週一時則最後一天休）
P無 🚃思案橋電車站即到
MAP別冊6C-1

位於思案橋橫丁，
只有行家才知道的名店

碎肉強棒麵 1300日圓
100%雞骨高湯用薄鹽醬油調味，其餘都是秘傳配方

配料
蝦仁、花枝、豬肉、香菇、紅蘿蔔等共15種

湯頭
純雞骨高湯

長崎強棒麵博物館是？

強棒麵的開山元老──四海楼的2樓，設有解說長崎強棒麵歷史的資料館。館內展示了創業時的餐具、曾光顧的名人照片等。開館時間與四海楼的營業時間相同，可自由進出參觀。

特製強棒麵 1000日圓
冬季為了增加味覺深度，會添加少量豚骨

湯頭
純雞骨高湯

配料
豬肉、高麗菜、紅蘿蔔、蝦仁、干貝、竹筍、花椰菜等共21至23種

位於長崎新地中華街旁

刺破蛋黃的瞬間最叫人期待

永盛楼本店

‖長崎新地中華街‖えいせいろうほんてん

長崎在地人最推崇的店。每日新鮮熬煮的透明高湯，加上堆成山一樣高的干貝、竹筍、花椰菜等食材，把蛋黃刺破拌勻後，口味會變得柔和美妙，更加好吃。

☎095-822-8780
住長崎市銅座町3-26 ⏲11:00～14:30、17:00～19:30 休不定休 P無
🚉築町電車站即到 MAP別冊6C-1

香醇的湯頭讓人上癮

京華園

‖長崎新地中華街‖きょうかえん

除了強棒麵之外，還有香燴脆麵、東坡肉蓋飯等超過100種的餐點。混合了雞骨高湯與豚骨高湯的湯頭，再加上特製醬油的強棒麵，是帶有深度的高雅味道。

☎095-821-1507
住長崎市新地町9-7 ⏲11:00～15:30、17:00～20:30 休每月1次不定休 P無
🚉築町電車站即到 MAP別冊6C-1

強棒麵 850日圓
高雅又香醇的湯頭，讓加了滷水製成的麵，風味更明顯

湯頭
雞骨、豚骨

配料
豬肉、高麗菜、豆芽菜、魚板、花枝、海瓜子等共8種

仿照中國北京的故宮博物院養心門的外觀

找到了！

用料特別的長崎強棒麵

最近突然人氣竄升的長崎強棒麵，是老李 中華街本店的「生烏魚子強棒麵」。將生烏魚子溶入100%雞骨高湯的濃醇湯頭裡，真是完美的絕配。

老李 中華街本店

‖長崎新地中華街‖らおりー ちゅうかがいほんてん

☎095-820-3717
住長崎市新地町12-7 錦昌号ビル2F
⏲11:30～14:30、17:00～21:30 休無休
P無 🚉築町電車站步行5分 MAP別冊6C-2

生烏魚子強棒麵 1080日圓
長崎名產烏魚子與強棒麵的聯手演出

口感酥脆的麵條
和香濃芡汁形成絕配的長崎燴麵

與長崎強棒麵同為長崎特產的長崎燴麵。
在油炸到的又酥又脆的細麵上，淋上與強棒麵幾乎同樣配料的芡汁。
Q彈有嚼勁的粗麵也值得試試喔。

長崎燴麵
832日圓
3種麵當中以能吸附湯汁、有絕妙口感的中麵最受歡迎

料 蛤蜊、花枝、豬肉、高麗菜、蔥、洋蔥、蝦仁等共10種

湯 純雞骨高湯

從3種酥脆麵條中挑選
中国菜館 慶華園

‖眼鏡橋附近‖ちゅうごくさいかん けいかえん

可以嘗到由上一代老闆傳承而來的傳統口味，還有從中國請來的廚師所做的道地美味。長崎燴麵的麵條，可從香香脆脆的細麵、還留有芯的中麵、烤的酥酥的粗麵裡選擇。

☎095-824-7123
⌂長崎市麹屋町4-7 ⏱11:00～14:30、17:00～20:30(週六日、假日11:00～20:30) 休不定休
P有 🚉公会堂前電車站步行5分 MAP別冊4C-2

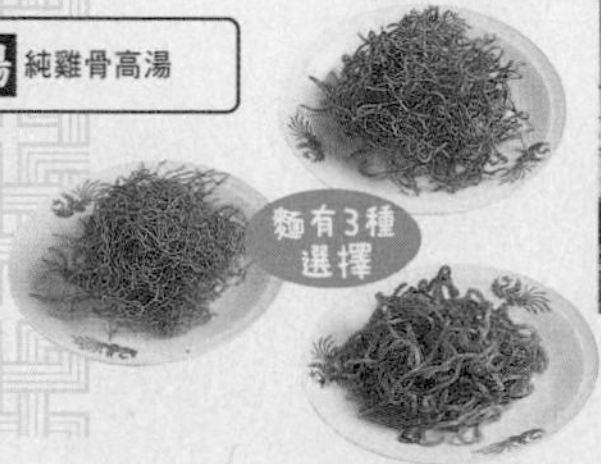

麵有3種選擇

位於中島川沿岸的中國風建築

份量十足讓人心滿意足
共楽園

‖濱町‖きょうらくえん

就在眼鏡橋附近的中國餐館。店面小巧玲瓏，每逢週末可能需等上一會兒才有位子。餐點的味道，還有令人滿足的份量與實惠價格，都是這家店深受歡迎的原因。

☎095-822-8257
⌂長崎市古川町5-4 KYOビル1F
⏱11:00～14:30、17:00～19:30 休週二 P無
🚉賑橋電車站即到
MAP別冊4C-3

店內有吧檯座位跟桌位

長崎燴麵
770日圓
夏天放蛤蜊，冬天則是牡蠣，吃得到物超所值的滿足度

料 含花枝、木耳、豬肉、豆芽菜共10種

湯 純雞骨高湯

長崎燴麵淋上醬汁是基本常識

對長崎本地人來說，長崎燴麵淋上伍斯特醬汁享用可是一般常識。醬汁是帶有酸味的微辣醬汁，所以跟調味微甜的芡汁非常搭。當地的醬油廠所販賣的伍斯特醬汁，也很適合當作伴手禮喔。

長崎燴麵
864日圓
口感酥脆的麵條飄散焦香，嘗起來帶有微微甜味

湯 純雞骨高湯

料 包含蝦仁、花枝、竹筍、高麗菜、竹輪共14種

被譽為「長崎第一」的美味極細麵

ちゃんぽん·皿うどん 蘇州林

‖長崎新地中華街‖ちゃんぽん·さらうどん そしゅうりん

除了以「長崎第一細麵」受到好評的長崎燴麵之外，強棒麵和豐富的飲茶點心也很美味。刈包等外帶餐點種類也很豐富。

☎095-823-0778
長崎市新地町11-14
11:00～20:30 休週三 P有
築町電車站步行3分 MAP別冊6C-1

位於長崎新地中華街

咖哩口味是20年來的人氣餐點

滿福

‖思案橋‖まんぷく

可以同時品嘗炒飯和煎餃等中華輕食與和食的餐廳。長崎燴麵和強棒麵除了標準口味之外，菜單上還有咖哩口味、泡菜口味。

☎095-823-1029
長崎市本石灰町5-1
18:30～翌日2:00
休第1、2、3、4週日 P無
思案橋電車站即到
MAP別冊6C-1

位於長崎的第一鬧區，思案橋

咖哩長崎燴麵
880日圓
店長發明的咖哩口味長崎燴麵，又香又辣的新風味

湯 雞骨、豚骨

料 含蝦仁、花枝、海瓜子、豬肉、高麗菜、魚糕、竹輪共10種

覺得還不夠的人看這邊！

強棒麵＆長崎燴麵套餐

如果強棒麵、長崎燴麵兩種都想吃的話，套餐是你的最佳選擇。「みらく苑」包含強棒麵、長崎燴麵、乾燒蝦仁以及杏仁豆腐的「長崎套餐」很受歡迎。

みらく苑

‖東山手‖みらくえん

☎095-822-5403 長崎市大浦町3-30 11:30～20:00（傍晚會休息，需確認） 休週二（有不定休） P無 大浦天主堂下電車站即到 MAP別冊7B-3

強棒麵

長崎燴麵

長崎套餐
2人份3100日圓
點餐需2人份起

跟朋友一起分著吃吧

乾燒蝦仁

杏仁豆腐

餐桌上一片日中荷大熔爐
龍馬也愛不釋口的卓袱料理

17世紀左右，在外交貿易興盛的同時，日本、中國、荷蘭的飲食文化也開始交融，
交融後誕生的就是長崎的鄉土菜，卓袱料理。
據說連坂本龍馬也愛吃，這樣的美食你要不要來嘗嘗看呢？

卓袱料理的菜色例

御鰭

以一人一尾鯛魚展現招待誠意的湯品

生魚片

關鍵在於需以芥末輕拂過的感覺沾取醬油

取肴

使用當季食材，相當於前菜的餐點

燒烤

南歐料理的餡派。格子狀派皮裡包的是燉雞肉和蔬菜

中文裡表示餐桌的「卓」和桌巾的「袱」是料理名稱的由來，如今多使用紅色的圓桌。

※照片為示意圖。菜色會隨季節更動，大部分的料亭會出14、15道菜

大鉢

蒸肉、海鮮、蔬菜。使用海參入菜是受到中國的影響

中鉢

東坡肉，類似焢肉，但已根據日本人的喜好調味成清爽口味

煮物

中國風的湯。像茶泡飯一樣淋在飯上吃也可以

梅椀

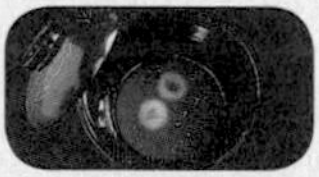

加了紅白湯圓的紅豆湯。卓袱料理以木碗開始，也以木碗結束

照片:史跡料亭 花月

和坂本龍馬有淵源的老字號
史跡料亭 花月

‖思案橋‖しせきりょうてい かげつ

創業於1642（寛永19）年，在丸山是唯一由江戶時期營業至今的料亭。不只是長崎縣史蹟，招待國賓的晚宴也在這裡舉辦。晚上的卓袱特惠全餐14256日圓起，正統全餐19440日圓起。

☎095-822-0191 ⌂長崎市丸山町2-1
🕒12:00～15:00、18:00～22:00(採2人起的預約制) 休不定休 P有 🚃思案橋電車站步行5分 MAP別冊6D-2

設有據說是日本最古老洋室的「瓦之間」

HOW TO 享用

卓袱料理由おかっつぁま（老闆娘）的「請享用御鰭」這句話開始。乾杯要在這句話之後再進行。另外，用餐時取用食物的餐盤，最多只能使用2個。只要能遵守禮節用餐，你也可以成為卓袱專家。

午餐菜單Check

平日中午的花御膳非常划算。盛滿了卓袱料理的松花堂便當
5400日圓

Price
午 15000日圓～
晚 25000日圓～

想在火車上吃的卓袱料理

JR長崎站1樓的火車便當專區，有賣長崎卓袱便當。長崎天麩羅、東坡肉等佳餚被收在色彩繽

紛的便當盒裡，一人份1300日圓。購買採預約制，請洽詢膳菜家本店(☎095-818-1800)。

伊藤博文偏愛的著名料亭
料亭 富貴楼

‖新大工‖りょうていふうきろう

創業於明曆年間（1655～58年）的料亭，店名由伊藤博文命名。除了美味的餐點之外，從細心照料的庭園樹木、具有歷史的建築物等各個角落，都能感受到老字號的獨特風格。建築本身更已列入日本的有形文化財。

☎095-822-0253 ⌂長崎市上西山町5-4
🕒11:30～20:00(採2人起的預約制) 休不定休 P有
🚉諏訪神社前電車站即到 MAP別冊4D-1

擺滿了約15道左右的道地卓袱料理11664日圓起至25920日圓

午餐菜單Check

午間的迷你卓袱共有11道菜5400日圓。另外還有6480日圓起的全餐

Price
午 5400日圓～（15:00止）
晚 11664日圓～

佇立在昔日紅燈區丸山的高地上
料亭 青柳

‖思案橋‖りょうてい あおやぎ

以堅守傳統的卓子料理和鰻魚料理著名。用鰻魚代替東坡肉的青柳鰻卓子是獨家菜。由於和平祈念像的雕刻家北村西望曾經是這裡的常客，料亭內設有西望展示室。

☎095-823-2281 ⌂長崎市丸山町7-21
🕒12:00～15:00、18:00～22:00(預約制)
休不定休 P無 🚉思案橋電車站步行3分
MAP別冊6D-1

豪華的菜餚擺滿了圓桌

午餐菜單Check

中午有類似松花堂便當的丸山便當（5000日圓）或是上鰻定食（5000日圓）

Price
午 5000日圓～
晚 15000日圓～

盡情享用卓袱、西洋料理
料亭 一力

‖寺町‖りょうてい いちりき

在清幽的寺町通上高掛門簾，創業於1813（文化10）年的料亭。高杉晉作、坂本龍馬等幕府晚期的志士都曾造訪。除了卓袱外，重現出島商館時期菜餚的西洋料理（ターフル料理）也受到許多人喜愛。

☎095-824-0226 ⌂長崎市諏訪町8-20
🕒12:00～14:00、17:00～19:30(預約制)
休不定休 P有 🚉公会堂前電車站步行5分
MAP別冊4C-3

晚餐時卓袱料理、宴席料理、西洋料理均為12960日圓起

午餐菜單Check

將卓袱料理的代表菜裝進三層日式便當盒，只供應至下午2時的姫重卓袱，只要2700日圓相當划算

Price
午 2700日圓～
晚 12960日圓～

卓袱料理不是只注重形式的料理，而是圍著圓桌、大家一起享用大盤菜餚的「OMOYAIDE（おもやいで，分享）」料理。

為大人打造的快樂兒童餐 誕生於長崎的土耳其飯

在炒飯、炸豬排、義大利麵上面淋上濃濃的特製醬汁，土耳其飯可是土生土長的長崎洋食，一個盤子上便盛滿了多種菜色的貪心料理，完全是為大人訂作的快樂兒童餐。

將發明者的父親所做出的美味 由歐風料理的廚師進一步改編

土耳其風味飯 1200日圓 ＝ 菜色有這些！ 乾咖哩 拿坡里義大利麵 炸豬排 ＋ 畫龍點睛的醬汁 加了法式小牛高湯的紅酒醬

1

2

3

1最上面是用奶油煎得焦香的炸豬排，乾咖哩還淋上白酒炙燒過。加上湯和沙拉的套餐1800日圓 2注重木質溫度的店內空間 3位於小巷中的店面，入口有一些隱密

ビストロ ボルドー

‖濱町‖

主廚的父親是發明長崎名產土耳其飯的廚師。在這裡可以品嘗到將元祖風味重新變化過的土耳其風味飯，以及重現了明治時期在日本首度登場的義大利麵「長崎義大利麵」。

☎095-825-9378
⌂長崎市万屋町5-22
🕒11:30～14:00、18:00～21:00
休 第1、3週一 P 無
🚉 思案橋電車站步行5分
MAP 別冊4C-4

路面電車變成店面了！ 喜愛鐵道&土耳其飯的人請集合

土耳其飯 900日圓 ＝ 菜色有這些！ 乾咖哩 拿坡里義麵 炸豬排 蔬菜沙拉 ＋ 畫龍點睛的醬汁 咖哩醬汁（依喜好可加炸豬排醬）

1

2

3

1雖然已淋上了咖哩醬汁，但可依自己喜好再加上桌上放置的炸豬排醬汁，也很好吃。附有蔬菜沙拉，份量十足 2宛如走進長崎的路面電車 3窗框、吊環、座椅等全是如假包換的列車零件

きっちんせいじ

‖眼鏡橋‖

藉由請人出讓曾經使用過的列車零件，所打造出的這間餐廳，由裡到外都像真的路面電車一般。餐點以土耳其飯為招牌菜，香辣口味的咖哩醬汁是口味的靈魂所在。

☎095-822-7612
⌂長崎市東古川町2-14
🕒11:00～20:00(週日到17:00)
休 不定休 P 無
🚉 賑橋電車站步行3分
MAP 別冊4C-3

明明誕生於長崎，為何叫土耳其？

關於土耳其飯這個名稱的由來有各種說法。據說是因為在中國的炒飯、西洋的義大利麵中央放上炸豬排，用一個盤子就能端上桌，彷彿是東西文化交融的「土耳其」。到底這說法是真還是假呢？

九州歷史最悠久的咖啡廳
土耳其飯的種類居然有9種

Ryoma 土耳其 1280日圓	=	菜色有這些！	+	畫龍點睛的醬汁
		奶油飯 海鮮義大利麵 炸牛排 和風沙拉		多蜜醬

1炸牛排上淋的是用黑胡椒以及香草製成的香辣口味多蜜醬汁
2復古的裝潢擺設訴說著這間店的歷史
3位於崇福寺（P.70）附近的磚造建築

ツル茶ん

‖濱町‖ツルちゃん

創業於1925（大正14）年，九州歷史最悠久的咖啡廳。土耳其飯，有加了炸牛排和鰹魚風味海鮮義大利麵的Ryoma土耳其，還有淋上微辣醬汁的中式燈籠土耳其等9種各具特色的選擇。

☎095-824-2679
住 長崎市油屋町2-47 リバソンクレインビル1、2F
時 9:00～22:00
休 無休 P 無
交 思案橋電車站即到
MAP 別冊4C-4

長崎在地人的御用西餐廳
份量飽足的自傲佳餚

貪心 土耳其飯 870日圓	=	菜色有這些！	+	畫龍點睛的醬汁
		咖哩炒飯 蕃茄醬義大利麵 炸豬排 漢堡排		多蜜醬

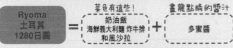

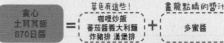

1豬排上面又疊上漢堡排的貪心土耳其飯。咖哩炒飯的辛辣程度恰到好處，份量也很多 2位於鬧區的正中央，只要是長崎人，幾乎可說是無人不知無人不曉的老字號西餐廳 3位於和服店2樓的店面空間明亮

レストラン メイジヤ

‖濱町‖

位於濱町的中心地帶，坐落在商店街正中央的西餐廳。餐點固然美味，店家的好位置更在當地人之間頗負盛名。長崎特產的土耳其飯，有一般份量土耳其飯和貪心土耳其飯2種。

☎095-827-1129
住 長崎市浜町3-18 2F
時 10:30～20:30
休 無休
P 無
交 観光通り電車站即到
MAP 別冊4C-4

土耳其飯的特色之一就是份量多，最好空著肚子再前往這些店家喲。

長崎的必吃美食
造訪名店一嘗經典佳餚

雖然稱不上是鄉土菜，但只要聽到
「長崎人也鍾愛不已的名店美食」，豈有不試試的道理！
自古以來便備受當地人熱烈支持的名店名菜都在這裡。

跟灑滿了星鰻碎肉、魚鬆、蛋絲的蒸壽司成一套的套餐1350日圓

茶碗蒸

把茶碗蒸變成長崎名產的老字號

1866（慶應2）年創業，茶碗蒸為招牌菜。使用清淡的柴魚高湯，蒸至軟嫩的大碗茶碗蒸有星鰻、竹筍等10種好料。穿著法被、負責收拾客人鞋子的店員嗓音響亮，能感受到日本老店的傳統氛圍。

可以外帶

附近就有外帶專門店，冷凍的茶碗蒸、蒸壽司的套餐各為2人份2484日圓，也可宅配到日本全國喔！

留有舊時風情的樣貌十分醒目

吉宗 本店 よっそう ほんてん

和食 ☎095-821-0001
長崎市浜町8-9 11:00～20:00 休 無休
P 無 観光通り電車站步行3分
MAP 別冊4C-4

豬肉和洋蔥等食材都已經燉煮到化開，醬汁清爽的夕月咖哩飯520日圓

咖哩

獨具個性的鮮橘色咖哩醬

開業已達半世紀的咖哩店，特徵是在盤子上，像是畫出鮮橘色新月般的擺盤方式。風味自不在話下，外觀上也令人留下深刻印象，在當地人之間頗負盛名。

可以宅配至日本全國

可宅配到日本各地的「夕月咖哩包」一包260日圓，5包以上即可訂購。採用將現做美味封在包裝裡的製作方式，到貨5天內就要吃完。

位於長崎市中心地帶的BELLENADE觀光通

カレーの店 夕月 カレーのみせ ゆうづき

咖哩 ☎095-827-2808
長崎市万屋町4-12
11:00～20:00(售完打烊)
休 不定休 P 無
西浜町電車站步行3分 MAP 別冊4C-4

把魚頭和魚身都烤過的東洋鱸放進去一起炊，是具有層次的美味

鯛魚飯

全餐以著名的雕魚飯來收尾

菜單內容要看當日早上捕獲的海鮮來決定，晚上主要供應全餐（4320日圓～）。最後一道菜，則是吸飽了鯛魚鮮味和昆布高湯美味的名產鯛魚飯。午餐採預約制，晚餐也建議預約。

可以宅配至日本全國

「御飯」的鯛魚飯可以宅配到日本各地。附有事先處理過的五島產真鯛以及調味醬的真空包裝2人份3240日圓，冷凍「御飯」則是1包432日圓。運費另計。

彷彿拜訪朋友家一樣的氛圍

御飯 ごはん

和食 ☎095-825-3600
長崎市油屋町2-32 12:00～14:00(需預約)、18:00～21:30(打烊為24:00) 休 週日(假日僅夜間營業) P 無 思案橋電車站步行3分 MAP 別冊6D-1

把當店逸品當作伴手禮如何？

這裡介紹的各店著名菜餚，大多提供外帶、配送至日本各地的服務。

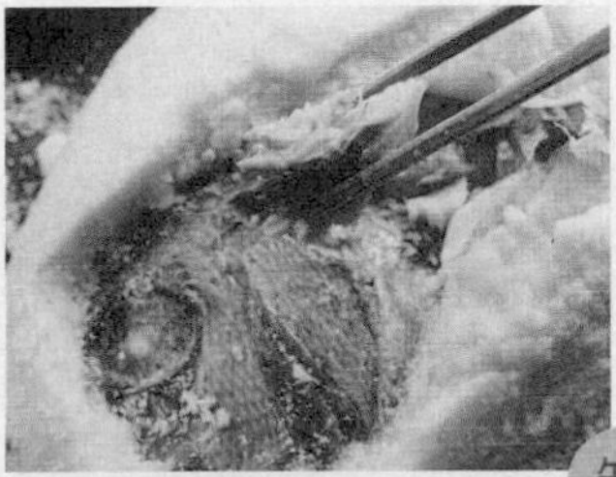

將鯛魚蒸至水潤飽滿，淋上一點柚子醋或是醬油享用也很美味的鯛魚鹽釜燒5000日圓

鯛魚鹽釜燒

從古至今的餐宴主角

崇福寺通上散發端正和風氣息的日本料理店。使用當地海鮮的菜餚廣受好評，尤其用上整條在長崎近郊捕獲的鯛魚製作的鹽釜燒最有名。價格實惠的全餐、單點菜色也很豐富。

午餐建議你點這一道

滿是長崎產的軟絲、當店獨家烏魚子的「花枝、烏魚子蓋飯」是午間限定餐點。附有茶碗蒸、味噌湯才1200日圓。

店面飄蕩著沉穩寧靜的氣氛

草 花洛 そう からく

日本料理 ☎095-823-9313
長崎市鍛冶屋町5-78
11:30～14:00、17:00～21:30
休 不定休 P 無 思案橋電車站步行5分
MAP 別冊6D-1

頂級長崎和牛A-5美味盡享燒肉全餐，男性4480日圓、女性3980日圓。1天限定34人份，需事前預約

長崎和牛

炭烤日本數一數二的和牛

創業超過75年的肉舖所經營的燒肉店。可以用經濟實惠的價格品嘗最高級的A-5級長崎和牛。平日限定的吃到飽，還可吃到肩胛、臀尖肉等數量稀少的部位。

也很推薦這道餐點

炭火懷石料理「雅膳」（6100日圓）嘗和懷石料理一樣依小鉢、前菜的順序一道道端上來，主餐為特選里肌、特選五花及伊比利黑豬肉。

給人簡潔印象的燒肉店

炭焼厨房みつわ すみやきちゅうぼうみつわ

燒肉店 ☎095-827-0320
長崎市下西山町3-5
17:00～22:30 休 無休 P 有
諏訪神社前電車站步行5分
MAP 別冊4D-1

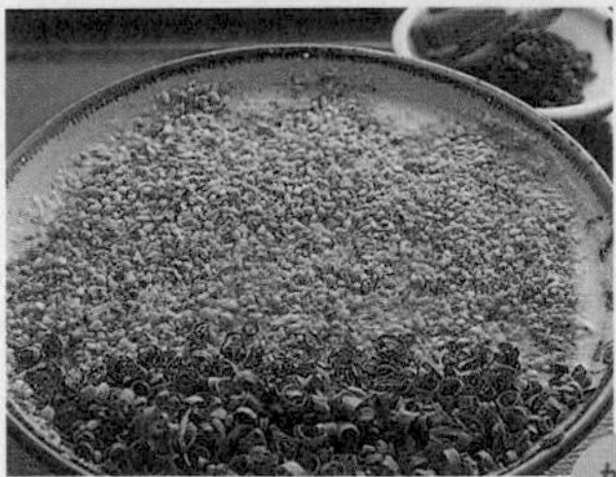

白芝麻和蔥花風味誘人的芝麻鹹粥一碗650日圓

芝麻鹹粥

鄉土料理和鹹粥最有名

創業於1896（明治29）年，可品嘗水炊鍋、鴨鍋和牛肉丸等鄉土菜。將釜炊的米飯做成粥，靜置半天後，再加入高湯炊煮而成的鹹粥，打顆雞蛋進去後細緻綿密的口感絕妙。

如果還想再點一道

推薦水炊鍋或鴨鍋等鍋類料理（點餐2人份起，1人份2200日圓）。如果只再吃一點點，就選鄉土菜的角煮牛肉丸（700日圓）。

位於思案橋小巷道內的名店

しあんばし一二三亭 しあんばしひふみてい

鄉土菜 ☎095-820-9191
長崎市本石灰町2-19
11:30～14:00、18:00～翌日1:00（週六僅夜間營業） 休 週日 P 無 思案橋電車站即到 MAP 別冊6C-1

經營長崎三昧的坂本屋（P.74）是卓袱料理評價極高的餐飲旅館，住宿的同時享用美味料理也是不錯的選擇喔。

享用知名店家的招牌菜 濱町＆思案橋的晚餐地點

長崎最繁華的鬧區濱町、思案橋附近，
有許多能滿足世上饕客味蕾的知名店家。
參考「2人用餐就點這些菜」，來享用各店的招牌佳餚吧。

在小說中登場的東洋鱸料理

銀鍋

ぎんなべ

能將長崎近海的海鮮，以生魚片、壽司、火鍋、炸物、燉煮料理等多彩的料理形式品嘗。當中尤以在壇一雄的小說『火宅之人』裡登場，幾乎一整年都可吃到的東洋鱸料理評價最高。

魚料理 ☎095-821-8213
長崎市銅座町7-11 ⓛ11:30～14:00、17:00～22:00(週日、假日到21:00) 休無休 P無 觀光通り電車站步行3分 MAP別冊6C-1

↑煮東洋鱸1730日圓
東洋鱸料理除了全餐之外，也可以單點
←除了暖爐座位、日式座位、一般桌位之外也有包廂

2人用餐就點這些菜

●東洋鱸全餐…（8640日圓X2）17280日圓
東洋鱸燉魚雜、生魚片、川燙、天婦羅、壽司、火鍋等共11道菜的東洋鱸全餐。採2人以上起餐的預約制。
2人份TOTAL 17280日圓＋飲料費

創意十足的創作壽司

すし山葵

すしわさび

食材都是當地的當季盛產。用刻上美麗雕花的花枝將壽司飯包起，再放上生海膽的花枝海膽special、烏魚子的手卷壽司等，都是這裡才有的獨創壽司。

壽司 ☎095-821-0008
長崎市浜町11-2
ⓛ18:00～售完打烊 休不定休 P無
思案橋電車站即到 MAP別冊4C-4

↑花枝海膽special 1080日圓
豪不吝嗇地放上大量生海膽的握壽司
←黃色外觀的店面，播放爵士樂的店內空間禁止吸菸

2人用餐就點這些菜

●雙人全餐……（2人份）8000日圓
內容為4道前菜、1盤生魚片、上等握壽司2人份、味噌湯2人份。不一定得一男一女，女性好友也可共享，服務貼心。
2人份TOTAL 8000日圓＋飲料費

將當地鮮魚炸成天婦羅

天ぷら処 夢風

てんぷらどころ ゆめかぜ

用長崎縣產的山茶花油炸天婦羅的店家。食材為星鰻、大眼牛尾魚等在大村灣捕獲的漁產，以及有機栽培的蔬菜。搭配擁有品酒師執照的老闆所挑選的日本酒，享受美味風情。

天婦羅 ☎095-829-0600
長崎市籠町9-24 ⓛ18:00～22:00 休週日（如有預約則營業） P無 思案橋電車站步行5分 MAP別冊6C-1

↑全餐2000～4500日圓（未稅）
用山茶花油炸的天婦羅嘗起來清爽不膩。全餐之外還有單點菜單以及蓋飯
←有吧檯座位9席及日式座位10席

2人用餐就點這些菜

●推薦全餐……（3000日圓X2）6000日圓
自製豆腐、4種當季蔬菜、2道魚、香菇鑲蝦泥、紫蘇葉包烏賊、斑節蝦、紫米飯、味噌湯、甜點等超豪華菜色。
2人份TOTAL 6000日圓＋飲料費（未稅）

思索要往前走還是要回去的地方

從前思案橋對向的丸山還是紅燈區時，來往者都會在此思索「是該往前還是回家呢」而得此名。無論今昔，夜晚依舊必訪思案橋！

盡享北京的傳統口味

餃子菜館 万徳

ぎょうざさいかん まんとく

位於長崎新地中華街的北門附近。老闆出身北京，店內使用的調味料和食材，多是由當地進貨。如果要在這裡用晚餐，不妨以最受歡迎的水餃為主食，多試試各種菜色吧。

中國菜 ☎095-826-2600
長崎市銅座町2-2 ⏰11:30～14:30、17:00～22:30 休 週日（逢連假則營業，長崎燈會期間無休） P 無 🚉 西浜町電車站旁 MAP 別冊5B-4

↑水餃6顆420日圓
最推薦的就是點餐後現做的水餃，咬開滿是肉汁
←有中國庶民風格的店內空間

2人用餐就點這些菜

- 水餃 …… 420日圓
- 小籠包 …… 650日圓
- 擔擔麵 …… 850日圓
- 美乃滋乾燒蝦仁 …… 800日圓

2人份TOTAL 2720日圓＋飲料費

日洋交流的特別火鍋

かまど茶屋

かまどちゃや

位於思案橋的小巷子裡。10年前左右店主發明的荷蘭鍋，是在鰹魚高湯裡加上牛奶的日本西洋混搭鍋。雞肉和海鮮等食材上，還鋪上一層融化的起士。

居酒屋 ☎095-824-7711
長崎市本石灰町5-14 加悦ビル1F ⏰18:00～24:00 休 週日（逢連假則連假最終日休） P 無 🚉 思案橋電車站即到 MAP 別冊6C-1

↑荷蘭鍋一人份1728日圓
融化在和風火鍋裡的起士，不可思議的合拍風味
←民藝風的店內設有包廂

2人用餐就點這些菜

- 荷蘭鍋 ……（1728日圓X2）3456日圓
- 青甘魚的燉魚雜 ……（864日圓X1）864日圓
- 蝦多士 ……（864日圓X1）864日圓
- 生魚片拼盤 ……（1620日圓X1）1620日圓

2人份TOTAL 6804日圓＋飲料費

酒過三巡後在這裡收尾

かにや 本店

かにや ほんてん

從日式酸梅到滷豬肉，共有超過20種口味可選的三角飯糰專賣店。米飯使用大分玖珠產的特別栽培一等米，海苔用的是有明海產的頂級品。還有關東煮以及串燒等。

三角飯糰專賣店 ☎095-823-4232
長崎市銅座町10-2
⏰18:00～翌日3:00 休 週日 P 無
🚉 觀光通り電車站即到 MAP 別冊6C-1

↑飯糰160日圓～
幾乎所有的飯糰價格都是160日圓
←可以在吧檯座以壽司店的方式點餐

2人用餐就點這些菜

- 鹽醃鯖魚飯糰 ……（160日圓X2）320日圓
- 辣味明太子 ……（200日圓X2）400日圓
- 紅味噌湯 ……（270日圓X2）540日圓
- 關東煮 ……（130日圓X2）260日圓

2人份TOTAL 1520日圓＋飲料費

現金用完時最方便的就是便利商店的ATM，但在長崎設有ATM的便利商店並不多，要注意喔！

在遊玩途中發現的咖啡廳
享受放鬆的休憩時光

擁有許多坡道和石階的長崎，
走累了的時候難免想吃點甜點慰勞自己。
在行程途中能順路前往的咖啡廳裡，度過美好的時光吧。

法式土司
700日圓
在法式土司上堆疊上一球球冰淇淋的超人氣甜點

以風格各異的家具
營造出和諧氣氛的店內

使用胚芽的全麥麵包夾上培根、萵苣、番茄的B.L.T三明治650日圓

彷彿從老電影走出來的復古咖啡廳

dico.appartment

從眼鏡橋步行5分

‖濱町‖ディコ.アパルトマン

位於設有電影院的大樓4樓，由老闆收集出生當時的昭和40年代製造家具佈置店內。餐點以三明治為主，也提供外帶。

☎不刊登
⌂長崎市万屋町5-9 セントラルビル401
🕒12:00～20:00
休 週二（逢假日則營業） P 無
🚉 觀光通り電車站步行5分 MAP 別冊4C-4

MENU

黑莓汽水	600日圓
法式吐司+冰淇淋	700日圓
康門貝爾起士番茄三明治	700日圓

用一杯香氣迷人的咖啡
度過午茶時間

Attic

從出島步行5分

‖出島‖アティック

坐落於能望見長崎港的複合設施「長崎出島碼頭」（P.25）內的咖啡餐廳。用卡布奇諾奶泡創作的拉花藝術，技巧高超。非繁忙時間可以請店家製作你要的花樣。

☎095-820-2366 ⌂長崎市出島町1-1 長崎出島碼頭1F 🕒11:00～23:00（週五六、假日前日到23:30）
休 無休 P 無 🚉 出島電車站步行3分 MAP 別冊5A-4

MENU

美味披薩	1274日圓
香脆培根蛋汁義大利麵	1166日圓
當日午餐（限定50份）	594日圓

位於長崎出島碼頭，天氣好的時候可以坐在露台放鬆

可透過大窗眺望長崎港

卡布奇諾咖啡
single 410日圓
large 454日圓
使用特製咖啡泡的法式濾壓咖啡single 432日圓
NAGASAKI

在飯店大廳度過優雅時光

Lounge TOREVI

從哥拉巴園步行3分

‖南山手‖ラウンジ トレビ

飯店大廳的咖啡廳，位於通往哥拉巴園的坡道入口處，白天為咖啡廳、夜間則變身為酒吧。供應約10種飯店自製蛋糕，可搭配咖啡或紅茶的套餐享用。

☎095-818-6601(總機)
住長崎市南山手町1-18 ANA Crowne Plaza Nagasaki Gloverhill 1F ⏰10:00～23:30 休無休 P有 電大浦天主堂下電車站即到 MAP別冊7B-3

吧台後方有流水造景，營造出沉穩的氛圍

MENU

奶昔	900日圓
甜點拼盤	2000日圓
長崎蛋糕套餐	1000日圓

長崎蛋糕飄浮汽水 800日圓
在當地限定的長崎蛋糕汽水上，放一球冰淇淋的獨創餐點

抹茶奶昔 600日圓
抹茶口味的長崎特製名產奶昔。餐點全是店家手工製作

曾是日式古商家的店內充滿和風氣味

MENU

白玉餡蜜	600日圓
白玉蜜豆	500日圓
當日定食500日圓(週六、日1000日圓)	

窗外便是綠意中庭的和風咖啡廳

甘美族

從唐人宅邸遺址步行3分

‖梅香崎町‖かんみぞく

緊鄰長崎新地中華街的唐人宅邸遺址(📖P.70)入口附近，白天是和風咖啡廳「甘美族」，到了晚上則成為日本料理「志津」。能看見中庭的日式座位區只開放晚餐使用，也提供包租。

☎095-821-9520 住長崎市梅香崎町1-9
⏰12:00～16:00(週日至14:00，志津為17:00～22:00採預約制) 休週一、假日(志津為週日、假日休)
P無 電築町電車站步行6分 MAP別冊6C-2

法國甜點師傅所做的道地法式美味

リトル・エンジェルズ

從濱町步行即到

‖濱町‖

由老闆娘Canonne Bérénice手工製作的法國甜點店。使用法國產的食材、長崎當地的雞蛋以及鮮採水果製成的蛋糕，簡單卻有著高雅的味道。每季更換種類，共有約20種蛋糕。

☎095-827-0111
住長崎市万屋町5-36 多真喜ビル1F
⏰10:30～19:30 休無休 P無
電観光通り電車站步行3分 MAP別冊4C-4

店內共有16席的桌位

MENU

經典巧克力	130日圓
牛角麵包	180日圓
千層派塔 1040日圓(整模12.5公分)	

乳酪蛋糕 210日圓
上等新鮮乳酪的酸香激發出綿密濃醇口感，可配送至日本各地

對甜蜜誘惑甘拜下風♥
私房長崎甜點

**「吃的奶昔」或是每年持續打破紀錄的特大聖代…
到了長崎就至少要嘗一次看看，
介紹你這些讓人心動的甜點。**

奶昔

長崎的奶昔要用湯匙吃才是正確的，碎冰脆脆的口感實在讓人上癮。

將煉奶、砂糖、雞蛋、冰放入果汁機中打成的奶昔619日圓（未稅）

點心店的後方設有咖啡廳

和菓子老字號監製
和風喫茶 志らみず

‖濱町‖わふうきっさ しらみず

創業於1887（明治20）年的和菓子店「白水堂」附設的日式甜品店。必須以湯匙品嘗的長崎特製奶昔，或是加了口感Q彈湯圓的奶油白玉等，都十分受歡迎。

日式甜品店 ☎095-826-0145(白水堂)
⌂長崎市油屋町1-3
🕒10:00～18:30(和菓子店為9:30～19:00)
㊡不定休 🅿無
🚉思案橋電車站即到
MAP 別冊6D-1

刀鞘蛋糕

梅月堂所研發出來的長崎限定經典鮮奶油蛋糕。上面放有糖漬黃桃和鳳梨。

刀鞘蛋糕378日圓。由於梅月堂的這款原創蛋糕大熱賣，其他店也開始製作販賣

位於濱市拱廊商店街當中

這裡是長崎經典蛋糕的元祖店
梅月堂本店

‖濱町‖ばいげつどうほんてん

創業於1894（明治27）年，在長崎可說是老字號的西點店。1樓賣的是西點，2樓則是咖啡廳「salon de fine」。除了刀鞘蛋糕（シースクリーム）外，其他原創蛋糕的人氣也很高。

西點、咖啡廳 ☎095-825-3228
⌂長崎市浜町7-3
🕒10:00～20:00(咖啡廳為10:30～19:30)
㊡無休 🅿無
🚉観光通り電車站即到
MAP 別冊4C-4

寒晒白玉

從島原相傳過來的冰點。將糯米粉製成的白湯圓用泉水冰鎮過，再淋上擁有高雅甜味的糖蜜而成。

寒晒白玉500日圓，加上抹茶的套餐700日圓，是白天的限定餐點

以黑色為基調的簡約店面

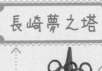

夜晚可以看見點上燈火的眼鏡橋

眼鏡橋旁的和風咖啡酒吧

めがね橋 花ござ

‖眼鏡橋附近‖めがねばし はなござ

位於中島川沿岸大樓內的日式茶屋。下午3時半以前是能品嘗日式甜點和午餐的和風咖啡廳，到了晚上則搖身一變成為可以享受雞尾酒和餐點的酒吧。

咖啡酒吧 ☎095-818-8753
⌂長崎市古川町3-7
🕒11:30～15:30、18:00～翌日2:30
休 不定休 P 有公共停車場
🚉 賑橋電車站即到
MAP 別冊4C-3

長崎夢之塔

「カフェ オリンピック」名產的特大聖代，每年不斷刷新紀錄，現在的第一名是高度1.2公尺的長崎夢之塔。

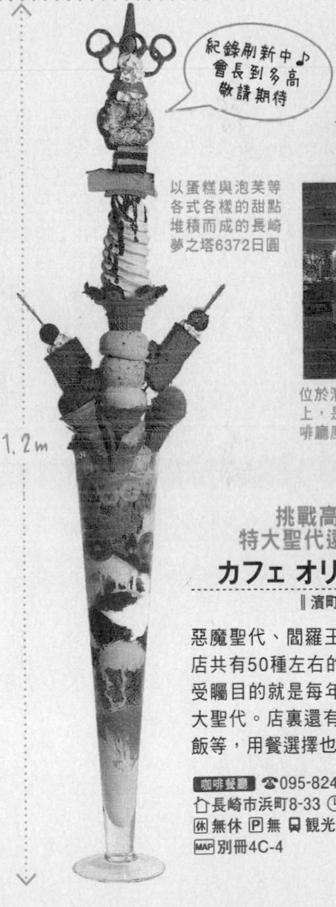

以蛋糕與泡芙等各式各樣的甜點堆積而成的長崎夢之塔6372日圓

位於濱市拱廊商店街上，是一間有古早咖啡廳風味的店

挑戰高度!!
特大聖代遠近馳名

カフェ オリンピック

‖濱町‖

惡魔聖代、閻羅王聖代等，這間店共有50種左右的聖代，當中最受矚目的就是每年刷新紀錄的特大聖代。店裏還有18種的土耳其飯等，用餐選擇也很豐富。

咖啡餐廳 ☎095-824-3912
⌂長崎市浜町8-33 🕒11:30～21:00
休 無休 P 無 🚉 観光通り電車站即到
MAP 別冊4C-4

像是在城鎮中灑滿了寶石一樣
沈醉於世界新三大夜景

被稱為千萬美金夜景的長崎夜景，
只要黑夜一籠罩城市，與白天截然不同的夢幻世界就會浮現於眼前。
讓我們為你介紹長崎最具代表性的賞夜景地點。

由稻佐山瞭望台俯瞰長崎市中心

配合期間限定的夜間開園，
打上燈光的哥拉巴園
(📖P.22)

架設在長崎港入口，
長1289公尺的女神大橋

方便的免費循環巴士

欲前往長崎最具代表性的夜景勝地──稻佐山山頂，必須搭乘長崎空中纜車，而前往纜車搭乘起點的淵神社，則可搭乘每日繞行5間飯店與JR長崎站的循環巴士前往。巴士發車時間為下午7時到晚間10時，乘車券在各飯店的櫃檯以及JR長崎站內的綜合觀光服務處都可免費領取。詳情請洽長崎空中纜車．水族館（☎095-861-3640）。

行經飯店

- 伯爾沃酒店長崎港前
- 長崎蒙特利酒店
- ANA Crowne Plaza Nagasaki Gloverhill
- HOTEL NEW NAGASAKI
- BEST WESTERN PREMIER Hotel Nagasaki

世界新三大夜景之一的「千萬美金夜景」

從車廂裏可以360度零死角欣賞夜景

如何前往稻佐山山頂

要往山頂的瞭望台，搭乘由山麓附近的淵神社站出發的空中纜車比較方便。從早上9時到晚上10時為止，大約每15分鐘至20分鐘就有一台纜車出發，單程720日圓，來回1230日圓。而要前往淵神社站，可由JR長崎站前搭乘長崎巴士7分，在ロープウェイ前巴士站下車走一下就到了。

長崎空中纜車☎095-861-3640

夜景拍攝方式大研究

1.將數位相機設定為夜景模式。
2.為防手震，使用三腳架或是固定住相機。
3.記得不要讓其它光線出現在相機前方，盡量在黑暗處攝影。
※記得把閃光燈關掉喔。

長崎第一的夜景在這裡

稻佐山山頂瞭望台

いなさやまさんちょうてんぼうだい

代表了世界新三大夜景都市長崎的賞夜景地點。在海拔333公尺的稻佐山山頂上，腳踩著玻璃帷幕瞭望台所看的夜景是獨樹一格。將長崎港和長崎市區盡收眼底的「千萬美金夜景」非常壯觀。

☎095-822-8888（長崎市客服中心）
長崎市稻佐町等
自由入園 P有
長崎空中纜車稻佐岳站步行即到
MAP 別冊2A-3

從長崎站車程約10分左右

遙望長崎港與女神大橋

立山公園

たてやまこうえん

位於鄰近長崎市中心地帶的公園。正對著女神大橋，前方就是一片市區夜景。這裡同時也是賞櫻的知名地點，大約有700株的櫻花樹，每年3月下旬到4月上旬可以一邊賞櫻一邊賞夜景，非常推薦。

☎095-822-8888（長崎市客服中心）
長崎市立山5
自由入園 P有
立山公園前巴士站步行即到
MAP 別冊2D-3

當地人特別喜愛的幽靜瞭望地點

內行人才知道的夜景勝地

鍋冠山公園

なべかんむりやまこうえん

從哥拉巴園的第2大門步行約10分鐘即到。能一望長崎港的瞭望台上，還能近距離看見來往的船隻及女神大橋等景緻。停車場的開放時間為早上8時到晚上10時。

☎095-822-8888（長崎市客服中心）
長崎市出雲2-144-1等
自由入園 P有
長崎站車程12分
MAP 別冊3C-6

不論從飯店或是從咖啡廳 也能輕鬆愜意欣賞夜景

在我們精心挑選的飯店和咖啡廳裏，
一邊望著光芒絢爛的夜景，
將長崎這一天的旅程畫下完美尾聲吧。

從飯店欣賞

躺在床上的被窩裡
也能欣賞夜景

稻佐山觀光酒店

いなさやまかんこうホテル

位於稻佐山山腰上，展望台浴場以及休憩廳、客房等處的窗外景觀都很漂亮。特別是9層樓高的頂樓，視野絕佳，可以看到180度以上的寬闊夜景。

DATA📖P.74

最佳客房 301

可以從床上、浴室、客房專用的小吧檯欣賞夜景。一房43200日圓起。

9樓的休憩廳看出去的夜景美得驚人

最佳客房 707

面向長崎港的特等雙床港景客房，視野極佳。一房33804日圓起。

採預約制的鐵板燒餐廳也能眺望夜景

盡享長崎夜景和
鐵板燒料理

LUKE PLAZA HOTEL

ルークプラザホテル

立地於稻佐山山腰的歐風飯店。注重舒適感又具有俐落設計的客房，還能夠一望長崎港和長崎市區。

DATA📖P.74

室內的每個角落
都能欣賞夜景

稻佐山温泉 ホテル Amandi

いなさやまおんせん ホテル アマンディ

位於俯瞰長崎港的稻佐山山腰上。客房與露天浴池等飯店內的各個地方都能欣賞到長崎夜景。尤其以和風、峇里島度假氣息洋溢的露天浴池的視野最棒。

DATA📖P.74

最佳客房 902

位於9樓的3間行政客房中，價格最實惠的就是902號房。一房49500日圓起。

能品嘗日中西式佳餚的「RESTAURANT LOTUS」

從咖啡廳&酒吧欣賞

正對著女神大橋

出島カフェ·ST.ANDREWS JIGGER INN

でじまカフェ·セントアンドリュース ジガー イン

位於出島碼頭的2樓，擁有正對女神大橋的露台座位。咖啡類及酒精類飲品的選項豐富，下午5時以前還有蛋糕附飲料的蛋糕套餐800日圓。

☎095-824-9293 ⌂長崎市出島町1-1 長崎出島碼頭2F ⏰12:00～23:00 休週二 P有共同停車場 🚉出島電車站步行4分 MAP別冊5A-4

所有蛋糕單點都是540日圓。摩卡咖啡590日圓，卡布奇諾550日圓

能一望女神大橋的木棧露台，共有30席的室外座位

長崎和牛牛排土耳其飯套餐，含湯、沙拉、咖啡2100日圓

能邊眺望夜景邊啜飲的雞尾酒特別美味

向千萬美金夜景乾杯

ひかりのレストラン

坐落在稻佐山山頂的瞭望台2樓。擁有180度開闊視野的店內空間，能將長崎市區的夜景一覽無遺。除了飲料之外，還有輕食以及採預約制的全餐。

☎095-862-1050 ⌂長崎市稻佐町364 稻佐山瞭望台2F ⏰11:00～21:00(供餐至20:30) 休不定休(天候不佳時休) P有 🚉長崎空中纜車稻佐岳站即到 MAP別冊2A-3

如畫般的夜景令人感動

鮨ダイニング 天空

すしダイニング てんくう

位於稻佐山山腰上的「長崎GARDEN TERRACE度假飯店」裡，在這裡可以品嘗到桔醋蘿蔔泥以及鹽辛魷魚等配合食材而創作出的各種壽司。

☎095-864-7717

⌂長崎市秋月町2-3 ⏰11:00～14:00、17:00～21:00 休無休 P有 📍シンフォニー稲佐の森巴士站即到 MAP別冊3A-4

有午間3240日圓起、晚間8640日圓起的全餐

特別經過設計的室內照明，讓夜景看起來更美麗

想要送給朋友、
家人或自己

在旅途中發現的一見鍾情雜貨

閃耀著光芒的玻璃工藝品
以及舒緩心情的和風雜貨等，
在此整理出讓人忍不住
想帶回家的小物。
就當作是長崎之旅的紀念品，
獻給天天奮鬥的自己吧。

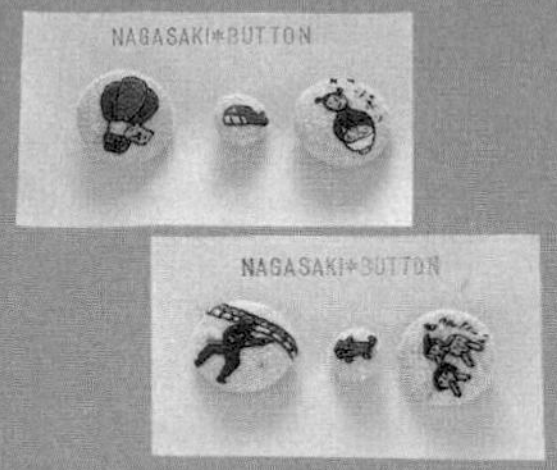

長崎藝術家前濱美紀所製作的手工刺繡鈕扣「NAGASAKI＊BUTTON」3個一組各972日圓 **1**

寫有長崎方言的吊飾972日圓 **2**

1 2

泰國的山地民族和長崎人的手工雜貨
prawmai

‖出島‖プラウマイ

緊鄰著出島的雜貨店，店名是將泰文的亮晶晶（praw）和絲（mai）結合而成的自創詞。店裡都是向泰國山地民族買來的布製品、飾品，以及長崎創作者的作品。

☎095-829-1686
⌂長崎市出島町10-3 町田産業ビル1F
🕒11:00～18:00
休 週二 P 無 🚃 出島電車站即到
MAP 別冊7B-1

3

以長崎蛋糕之神外型為設計的商品可作為伴手禮

3

長崎蛋糕造型的長崎蛋糕之神超級可愛
Mominoki Core／N

‖南山手‖モミノキ コアエヌ

將長崎名產長崎蛋糕變成了保佑戀愛運的神明，「長崎蛋糕神社」就此誕生。推出表情惹人憐愛的「長崎蛋糕君長崎蛋糕」等許多的長崎蛋糕角色商品。

☎095-824-7232
⌂長崎市南山手町1-18 ANA Crowne Plaza Nagasaki Gloverhill 3F
🕒9:00～18:00 休 無休 P 無
🚃 大浦天主堂下電車站即到
MAP 別冊7B-3

4 5

只有這間店才買得到的原創雜貨
長崎雜貨 たてまつる

‖江戸町‖ながさきざっか たてまつる

建造於長崎奉行所舊址的原創雜貨店。專賣以長崎的歷史和風景為主題的雜貨、器皿、書籍等。共有33種圖案的手巾「たてま手ぬ」系列非常受到歡迎。

☎095-827-2688
⌂長崎市江戸町2-19 🕒10:00～18:30
休 週二 P 無 🚃 大波止電車站步行5分
MAP 別冊5B-4

4

用「たてま手ぬ」手巾製成的托特包「ナガサキもって」4800日圓

5

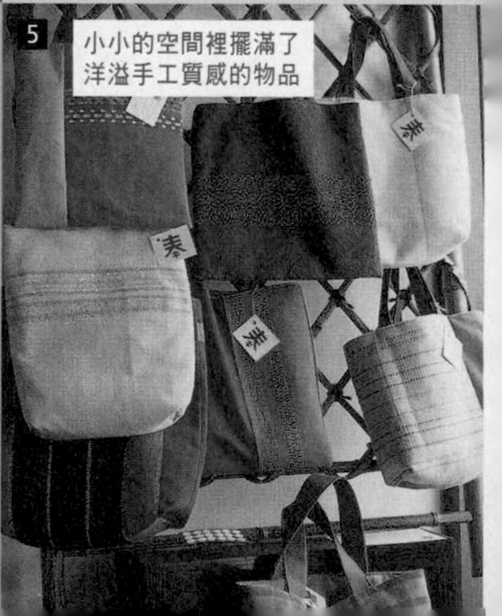

小小的空間裡擺滿了洋溢手工質感的物品

6 水晶製的
蘋果紙鎮（小）1296日圓

壺嘴細長優美的酒器銚釐，
單買28080日圓～，附2個
小杯的套組35640日圓 7

6 7 8

琉璃大師親手打造

手づくりガラス瑠璃庵

‖南山手‖てづくりガラスるりあん

相傳在17世紀左右由葡萄牙傳來的琉璃，已成了長崎的傳統工藝品。老闆竹田克人是琉璃界的第一把交椅。吹玻璃體驗採預約制，體驗費3240日圓。

☎095-827-0737
⌂長崎市松が枝町5-11
🕒9:00～18:00 休 週二（6月下旬～7月初為維護熔解爐，不開放吹玻璃體驗） P 有
🚉大浦天主堂下電車站步行3分
MAP 別冊7A-3

8 當地出身的
藝術家
致力於創作

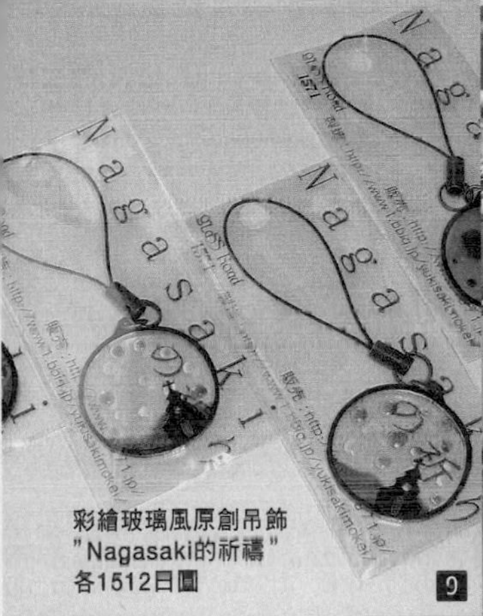

彩繪玻璃風原創吊飾
"Nagasaki的祈禱"
各1512日圓 9

可以放在手上的迷你尺寸
珠寶盒一個1944日圓起 10

9 10

位於哥拉巴坡道上的
玻璃雜貨店

グラスロード1571

‖南山手‖グラスロードいちごななないち

通往哥拉巴園的斜坡中途有一間玻璃製品專賣店，店內網羅了原創商品、玻璃器皿、擺飾、雜貨、燈具等種類豐富的商品。手工彩繪體驗1000日圓起，運費另計。

☎095-822-1571
⌂長崎市南山手町2-11
🕒9:30～18:00（隨季節可能變更）
休 無休 P 無
🚉大浦天主堂下電車站步行5分
MAP 別冊7B-3

11 12

染色製品及和風雜貨的
品項豐富

中の家旗店

‖濱町‖なかのやはたてん

創業於1921（大正10）年的染色加工品店。店內有自家公司製造的染布製品，以及手巾和人偶等和風雜貨。這裡還可以買到製作風箏的名人小川曉博所做的風箏。

☎095-822-0059
⌂長崎市鍛冶屋町1-11
🕒9:00～19:00（週日為10:30～18:00）
休 無休 P 無
🚉思案橋電車站即到 MAP 別冊4C-4

11

以季節為設計概念的手巾，
當作家居飾品使用更顯格調。
一條1000日圓

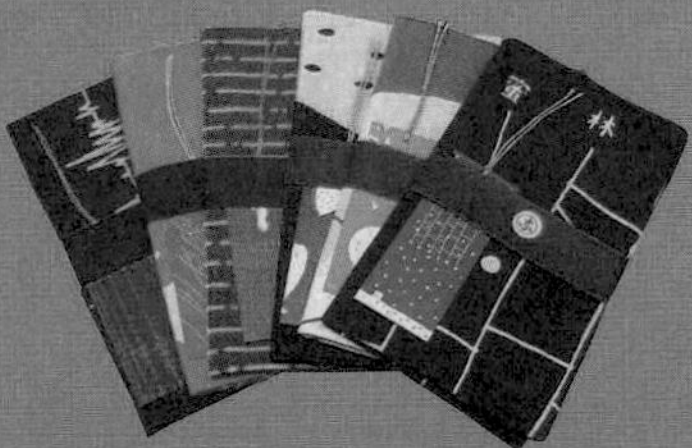

12

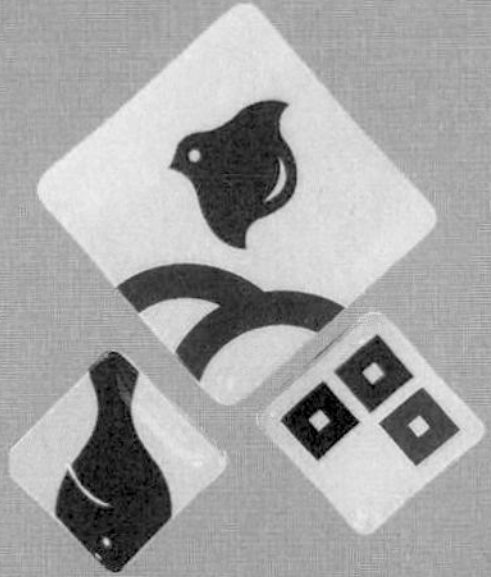

印上風箏圖案的波佐見燒盤子。
中盤1080日圓，小盤648日圓

長崎的經典伴手禮
長崎蛋糕大評比

由葡萄牙傳入的南歐點心長崎蛋糕，是長崎伴手禮經典中的經典。
以雞蛋、麵粉、砂糖、麥芽糖為原料，用古早製法做出的烘焙點心，
原料和製作方法雖然簡單，每間店的風味卻有著些微差異，十分不可思議。

寬永元年創業的長崎蛋糕老字號

福砂屋本店

‖思案橋‖ふくさやほんてん

1624（寬永元）年創業，將葡萄牙人所傳授的製法代代相傳的老字號。使用了大量雞蛋和砂糖的特製五三燒長崎蛋糕，還有上面放了核桃、葡萄乾並烤至焦香的巧克力風味荷蘭蛋糕，也值得推薦。

☎095-821-2938 ⌂長崎市船大工町3-1
🕒8:30～20:00 休無休 P有
🚉思案橋電車站步行3分 MAP別冊6C-1

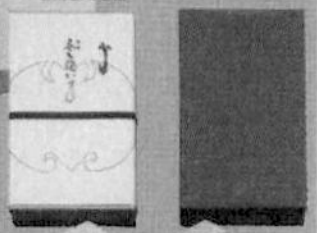

創業三百九十餘年，傳統的長崎蛋糕與荷蘭蛋糕

白牆商家構造的福砂屋本店

特製五三燒長崎蛋糕需要熟練的技巧才做得出來。1條2916日圓

大評比POINT★

價格 長崎蛋糕1號 1890日圓
種類 長崎蛋糕、荷蘭蛋糕、特製五三燒長崎蛋糕等3種
特色 蛋糕口感濕潤，留在底部的粗糖量剛剛好

明治時代研發出香氣迷人的巧克力版

松翁軒

‖眼鏡橋附近‖しょうおうけん

創業330年。在巧克力被視為珍品的明治時期，將其與長崎蛋糕融合做出巧克力長崎蛋糕（チョコラーテ）成為招牌商品。2樓是咖啡廳「セヴィリヤ」。

☎095-822-0410 ⌂長崎市魚の町3-19
🕒9:00～20:00（セヴィリヤ為10:00～19:00）
休無休（セヴィリヤ週一休） P有 🚉公会堂前電車站即到 MAP別冊4C-2

商店在1樓，2樓設有咖啡廳

材料的攪拌到烘焙完成的所有工序，都由師傅1個人負責

由第八代開發的招牌巧克力長崎蛋糕

大評比POINT★

價格 巧克力長崎蛋糕 1.0號1890日圓
種類 長崎蛋糕、巧克力長崎蛋糕、荷蘭起士長崎蛋糕、抹茶長崎蛋糕、五三燒長崎蛋糕、花長崎蛋糕、和風長崎蛋糕、桃子長崎蛋糕等8種
特色 富有創新風氣，種類非常豐富

聞名全日本的長崎蛋糕名店

文明堂総本店

‖江戸町‖ぶんめいどうそうほんてん

堅守獨特製法與傳統，在日本舉國聞名的長崎蛋糕名店。本店除了經典的長崎蛋糕之外，還販賣三笠山（173日圓）和長崎蛋糕卷（119日圓）等商品。

☎095-824-0002 ⌂長崎市江戸町1-1
🕒8:30～19:30 休無休 P無
🚉大波止電車站即到 MAP別冊5A-4

以木盒包裝，添加和三盆糖的特撰長崎蛋糕只在總本店販售。1號3240日圓限量販賣

漆成黑色的建築建於1952（昭和27）年

抹茶、巧克力、原味等3種的長崎蛋糕切片，各810日圓

大評比POINT★

價格 長崎蛋糕1號 1890日圓
種類 長崎蛋糕、特撰長崎蛋糕、長崎蛋糕切片包裝型、桃子長崎蛋糕、長崎蛋糕卷等5種
特色 承襲了傳統，又符合時代需求的商品眾多

祝賀宴席吃「桃子長崎蛋糕」

以長崎蛋糕為基底，加上糖花做成桃子模樣的「桃子長崎蛋糕」是長崎的傳統甜點，多在桃之節句（日本女兒節）等祝賀的場合中出現。大部份店家都是以期間限定方式，或是預約制販賣，最好事先詢問販賣細節。

獻給皇室、宮家的極品長崎蛋糕

長崎菓寮 匠寛堂

‖眼鏡橋附近‖ながさきかりょう しょうかんどう

在傳統的長崎蛋糕製法中，加入獨家技法的商品深獲好評。除了進獻給皇室、宮家的「特製献上五三燒佳好帝良『天地悠々』」外，還有灑上金箔的「黃金傳說」和巧克力的「ショコラカスティーロ」。

☎095-825-1511 ⌂長崎市魚の町7-24
⏲9:00～19:00 休無休 P有 🚉眼橋電車站步行3分 MAP別冊4C-3

放在桐木盒裡的特製献上「五三燒」佳好帝良天地悠々

店內提供茶飲及試吃，親切的接待讓人覺得舒服

位於眼鏡橋前

大評比POINT★

- **價格** 特製献上五三燒佳好帝良「天地悠々」（桐木盒裝）1條4104日圓（未稅）
- **種類** 黃金傳說、蜂蜜長崎蛋糕、抹茶長崎蛋糕、枇杷長崎蛋糕、巧克力長崎蛋糕、特製献上五三燒佳好帝良「天地悠々」、献上「五三燒」佳好帝良等7種
- **特色** 極盡奢華的風味備受好評

一天限定40條的長崎蛋糕需預約

岩永梅寿軒

‖諏訪町‖いわながばいじゅけん

創業於1830（天保元）年的老字號。於1、2個月前就接受訂購的知名點心「寒菊」非常有名，不過長崎蛋糕的評價也很高，一天限定販賣約40條。

☎095-822-0977 ⌂長崎市諏訪町7-1
⏲10:00～20:00 休不定休 P無 🚉公会堂前電車站步行5分 MAP別冊4C-3

由於數量有限，欲購買請事先預約

灰泥牆面讓人感受到創業一百八十多年的歷史

自古以來就是當地人喜愛的點心店

大評比POINT★

- **價格** 長崎蛋糕1號 1620日圓
- **種類** 長崎蛋糕1種
- **特色** 雞蛋風味溫和又濃郁，恰到好處的甜度是一大特色。雖然因為該店的和菓子太過著名，長崎蛋糕較不為人知，但也默默吸引了不少饕客喜愛

使用精選材料的5種長崎蛋糕

清風堂

‖南山手‖せいふうどう

長崎蛋糕的種類五花八門，有減糖微甜的長崎蛋糕、混合了北海道產3種起士的起士長崎蛋糕，以及摻入八女產抹茶的抹茶長崎蛋糕等共6種，每一種都是平易近人的價格。

☎095-825-8541 ⌂長崎市南山手町2-6
⏲9:00～18:00 休無休 P無 🚉大浦天主堂下電車站步行5分 MAP別冊7B-3

能夠一邊試吃一邊選購真棒

還有實體店面限定的特價品「弟子燒」（500日圓）

使用了3種起士的起士長崎蛋糕是這間店最暢銷的人氣商品。起士長崎蛋糕0.25號迷你尺寸432日圓

大評比POINT★

- **價格** 長崎蛋糕0.5號 864日圓
- **種類** 長崎蛋糕、巧克力長崎蛋糕、抹茶長崎蛋糕、文旦長崎蛋糕、起士長崎蛋糕、伯爵起士長崎蛋糕等6種
- **特色** 由師傅手工烘焙數量有限的原創長崎蛋糕

造訪福砂屋本店時，請一定要到店內深處收藏了鑽石切割玻璃工藝、琉璃工藝品的福砂屋藝廊看看，是一處可以免費欣賞的秘密景點。

為旅行的回憶增添色彩
長崎伴手禮百科

旅途的尾聲該來挑選伴手禮，為家中仰首期盼的家人、
朋友、職場上的同事，送上特別的長崎美味好禮。
不但能分享旅途中的趣事，也能順道傳達「我回來了」的心情。

1 BANZAI西打 1瓶210日圓（未稅）
日本首度成功大量生產的長崎清涼飲料品牌「BANZAI」使用與當時幾乎相同的配方，重現懷舊口味。

3 一口香 10個840日圓
傳自中國的糕餅，有著仙貝般的口感、裡頭中空，餅皮內側的黑糖香氣讓人欲罷不能。

像是在吃新鮮枇杷一樣！

3 茂木枇杷果凍 6個1680日圓
裡面包了一整顆茂木枇杷的果凍，彷彿剛摘下的新鮮口感和清爽的甜味使人印象深刻，是超人氣商品。

4 強棒麵天婦羅 1塊158日圓
使用強棒麵、高湯、高麗菜等材料炸出的甜不辣。口感Q彈，直接吃就很美味。

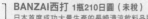

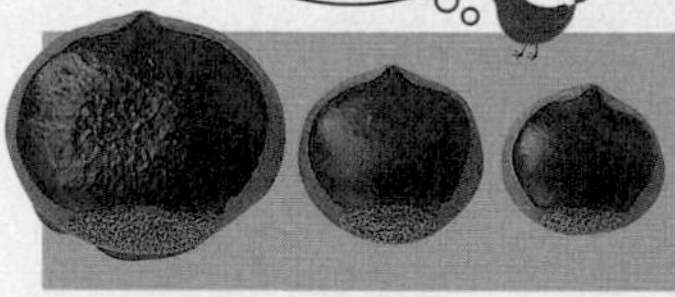

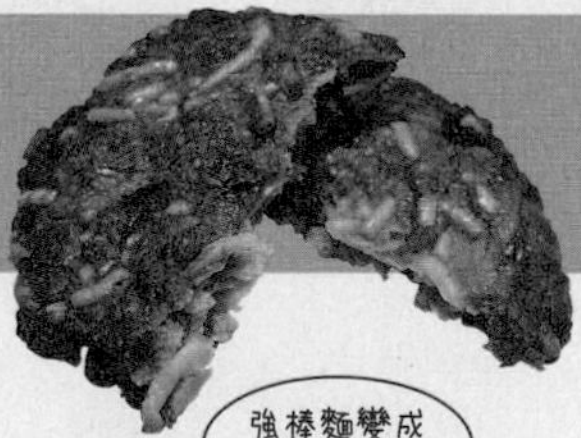

強棒麵變成甜不辣了！

吃掉它實在太可惜了！

2 栗饅頭
小141日圓、中216日圓、大540日圓
田中旭榮堂的栗饅頭不只形狀像顆栗子，內餡也有栗子。1898（明治31）年由第一代老闆發明，沾在表面的罌粟香氣四溢。

4 鯉魚魚板禮盒 2940日圓～
魚板的原料一般是狹鱈，但長崎這裡用的主要是狗母魚、白帶魚、沙丁魚。做成桃子或鯉魚等獨特形狀的魚板需事先預約。

1 九州国分
きゅうしゅうこくぶ

☎095-808-1001
●販賣地點
長崎縣物產館、市內部分全家便利商店等

2 田中旭榮堂
‖上町‖たなかきょくえいどう

☎095-822-6307
住長崎市上町3-6
時9:00～19:00 休不定休
P有 電桜町電車站步行5分
MAP別冊4C-2

3 茂木一〇香本家
‖長崎新地中華街‖もぎいちまるこうほんけ

☎095-820-5963
住長崎市籠町4-20 大塚松永共同ビル1F 時9:00～19:00 休週四（有變更的可能）P無 電築町電車站步行5分 MAP別冊6C-1

4 まるなか本舗
‖浦上‖まるなかほんぽ

☎095-849-1202
住長崎市岩川町1-4
時9:00～18:00 休無休 P有
電浦上駅前電車站即到
MAP別冊8B-4

「栗子王子」駕到!!

一身復古造型引人目光的田中旭榮堂吉祥物栗子王子，只要看過一次就無法忘記。其實，這位可愛栗子王子的「臉部挖空照相看板」在店門前就看得到，不妨來拍張照跟朋友炫耀一下吧！

5 麻花捲 4條378日圓

萬順製菓的店家旁便設有工廠，販賣手工的中式點心，店內擺滿花林糖風味的麻花捲（よりより）和金錢餅等剛出爐的商品。

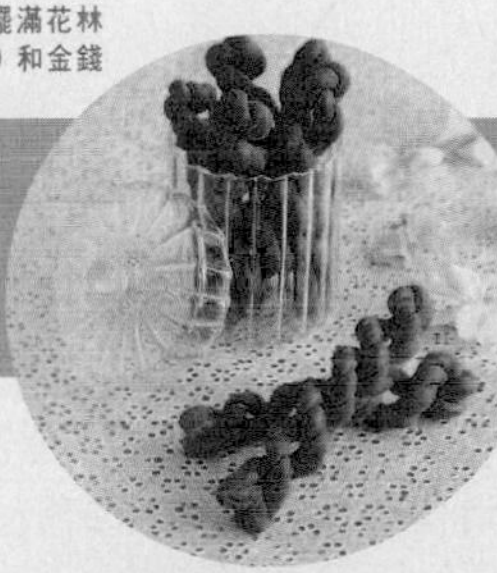
「YORI YORI」
這名字
真可愛！

7 長崎刈包 1個350日圓

以軟綿的刈包，將入口即化的焢肉包起來的知名點心。單買一個也可以，盒裝需兩個以上，可在店內試吃。

也可以試吃喔

尚未調理的蝦多士
可以宅配至
日本各地

6 長崎傳承蝦多士 1個320日圓

用吐司夾蝦泥下去炸的這道菜，原本是卓袱料理的其中一道。熟食兼外賣店山ぐち提供單賣，可像吃速食般品嘗

是長崎才吃
得到的當地
冰品喔

8 長崎蛋糕冰淇淋 250日圓（未稅）
長崎枇杷果實冰 360日圓（未稅）

創業近80年的西點店ニューヨーク堂的招牌商品就是冰淇淋。用特產的枇杷或是長崎蛋糕夾起上等冰淇淋，這種當地吃法很受歡迎。

5 萬順製菓

‖諏訪町‖まんじゅんせいか

☎095-824-0477
長崎市諏訪町7-28
10:00～19:00 休無休 P無
思案橋電車站步行4分
MAP 別冊4C-3

6 山ぐち

‖萬才町‖やまぐち

☎095-822-1384
長崎市万才町10-12 山口ビル1F
9:30～17:30 休週日 P無 西浜町電車站步行3分
MAP 別冊5B-4

7 岩崎本舗 アミュプラザ長崎店

‖長崎站‖いわさきほんぽ アミュプラザながさきてん

☎095-808-1135
長崎市尾上町1-1 AMU PLAZA NAGASAKI 1F 7:30～20:00
休無休 P有 JR長崎站即到
MAP 別冊5A-2

8 ニューヨーク堂

‖眼鏡橋附近‖ニューヨークどう

☎095-822-4875
長崎市古川町3-17 10:00～18:30(週日至18:00) 休無休
P無 賑橋電車站步行3分
MAP 別冊4C-3

參加長崎三大節慶祭典 玩樂重點在這裡

以擁有三百八十年歷史為傲的秋季長崎宮日節、冬季舉辦的長崎燈會，以及夏季的送靈節。長崎人滿心期盼的這些祭典節慶，就讓我們來告訴你如何樂在其中。

長崎宮日節可以在這些地方看到！

長崎宮日節的「奉納舞」在諏訪神社（參考P.70）、大波止的御旅所（☎095-823-9073／MAP別冊5A-4）、八坂神社（☎095-822-6750／MAP別冊6D-1）、長崎市公會堂前廣場（☎095-822-0111／MAP別冊4C-2）等地進行，皆需付費參觀。

期間
農曆元旦起的15天

長崎燈會

以閃爍的中式燈籠照亮冬季的長崎

燈會期間會有使用15000個左右的中國燈籠製成的大型裝置藝術在長崎市內放光明。另外，這段期間的週六會有模仿清朝樣貌的「皇帝遊行」、週日會有「媽祖出巡」等富麗堂皇的活動。

☎095-822-8888(長崎市客服中心)
長崎市新地町 湊公園等地
往湊公園可由築町電車站步行3分
MAP別冊7B-2

參加POINT

※記得帶上內建夜間攝影模式的相機出門
※晚飯早一點吃完，好享受夜間漫步
※湊公園周邊會有許多攤販，可以盡享B級美食！

Check!

獨家周邊商品

原創的周邊商品很受大家歡迎，賣完就沒有了。可以在湊公園、中央公園等地找到販賣處

湊公園的燈籠裝置藝術。
有動物或是歷史人物等，值得一看

各式各樣的活動

※時間需事先詢問

媽祖出巡
重現江戶時期也曾遊行的唐人護駕隊伍

黃色燈籠
眼鏡橋周邊會被黃色燈籠的光芒照亮

皇帝遊行
以清朝時代慶賀新年的情景為主題的遊行

中國雜技
雜技團的精彩演出，燈會期間每天上演

蠟燭祈願 四堂巡禮
在唐人宅邸遺址的四堂裏立起蠟燭許願，聽說願望就會成真

長崎宮日節相當出名的舞龍。主題每年不同，可以在長崎宮日節的網站上確認

期間
10月
7~9日
(雨天順延)

長崎宮日節

為長崎秋天帶來熱氣與興奮的3天

長崎的守護神，諏訪神社的秋季大祭典。每年的表演項目都不同，但追著龍珠亂舞的「舞龍」非常有名。魄力十足的演技，讓意指安可的吶喊聲「Motte koi」響徹會場。

☎095-822-0111(長崎傳統藝能振興會)
諏訪神社等市內各地 諏訪神社就在諏訪神社前電車站即到 MAP別冊4C-1

參加POINT

- ※諏訪神社的73階石梯「長坂」可免費入座，座席券需寄明信片參加抽選才能拿到。當天也販賣站位（1500日圓）。詳情請洽棧敷營運委員會（☎095-821-8596）
- ※「奉納舞」結束後，在市內大小單位及住家繞行的演出可免費欣賞
- ※大波止周邊約有500家左右的攤販，煞是熱鬧

Check!
獨家周邊商品

各「舞町」當作吉祥物拋向觀眾的手巾，在約1個月以前即以套組方式販賣。詳情請洽Nagasaki International Tourism and Convention Association（☎095-823-7423）

用GPS掌握行蹤

「奉納舞」之後，各演出單位會往市內各地出發。手邊如有GPS功能的手機，就可以即時掌握他們的現在位置
HP http://www.nbc-nagasaki.co.jp/

棧敷(看台)券的購買方法

包含諏訪神社四個場所在內，各單位的棧敷券販賣時期與方式都不太一樣。諏訪神社是每年6月7日起販賣。詳情請洽棧敷營運委員會（☎095-821-8596）
HP http://www.kunchi-saiiki.com

期間
8月15日

送靈節

用爆竹與煙火熱鬧送走故人的靈魂

夜幕低垂時，由各家人及地區製造的船上放上首度迎接盂蘭盆節的靈魂，送往極樂淨土。在爆竹及煙火的巨大聲響中，精靈船一艘接一艘的光景，看起來就像祭典一樣華麗。

☎095-822-8888(長崎市客服中心)
大波止、縣廳周邊等市內各地
大波止電車站即到 MAP別冊5B-4

1用竹子、木板、稻草製成的精靈船 2在爆竹聲與鐘聲中拉著船緩緩行進

參加POINT

- ※精靈船由各町以大波止為目標前進，可以在大波止附近先找好位置
- ※為了讓精靈船通過，市內各地的道路會實施交通管制，要注意喔
- ※送靈節並不是祭典，記得遵循法會該有的禮儀

Check!
必帶物品

為了避免爆竹震耳欲聾的聲響，最好攜帶耳塞前往。如果還有扇子就更好了

擁有三百八十年歷史的長崎宮日節，據說在因為原子彈爆發而荒廢的二戰後也照常舉行。

還有好多好多
順道一遊景點

觀光立縣的長崎，市區散布著許多值得一訪的景點。
與長崎名人相關的地點、逛累時可以稍作歇息的日式茶屋等，
也一併確認一下吧。

長崎市 日本二十六聖人殉教地
にほんにじゅうろくせいじんじゅんきょうち

☎095-822-6000(日本二十六聖人紀念館)
長崎市西坂町7-8
自由參觀(紀念館為9:00～17:00) P有
JR長崎站步行5分 MAP 別冊5A-1

刻下禁教時代犧牲26人的惋惜之情

在豐臣秀吉掌權的禁教時代，貫徹信仰的佩多羅、包蒂斯塔神父等6名傳教士，以及20名日本信徒被處以極刑的地方，立有日本知名雕刻家舟越保武所刻的紀念碑。謠傳在這些人殉教的當時，此地風景看起來就像耶穌被處刑的「各各他山」一樣。

描繪26名基督教徒升天模樣的日本二十六聖人殉教地碑。紀念碑的後方就是紀念館（入館費500日圓）

長崎市 崇福寺
そうふくじ

☎095-823-2786
長崎市鍛冶屋町7-5 8:00～17:00 休無休
¥300日圓 P有 正覚寺下電車站步行3分
MAP 別冊6D-1

長崎市內最具代表性的唐寺

龍宮門十分吸睛的黃檗宗寺院，是1629（寬永6）年居留在長崎的福州人，為了迎接來自故鄉的僧侶超然所開設。本堂與第一峰門同是日本國寶，山門等四處則是日本的重要文化財。在長崎市內的大小唐寺當中，是最具代表性的存在而備受矚目。

↑以明治時期至清初的華南建築樣式打造的建築
→安置了金黃色的釋迦牟尼佛

長崎市 唐人宅邸遺址
とうじんやしきあと

☎095-829-1272(長崎まちづくり推進室)
長崎市館内町
自由參觀
築町電車站步行7分 MAP 別冊6C-2

散落著留有中國風貌的建築物

唐人宅邸是為了收容當時居住在長崎市內的所有中國人，在1689（元祿2）年由江戶幕府所建設。現在還留有依中國船員的心願所設立的土神堂、相傳祭祀天后媽祖以祈求航海平安為起源的天后堂等4座祀堂。

↑唐人宅邸遺址的入口處立有石碑

↓「土神堂」歷經多次火災又重建，目前的建築物是1977（昭和52）年修復完成

長崎市 諏訪神社
すわじんじゃ

☎095-824-0445
長崎市上西山町18-15 境內自由參觀
P有 諏訪神社前電車站步行5分
MAP 別冊4C-1

也是長崎宮日節舉辦地的神社

以「諏訪桑」的暱稱而深受當地人愛戴的長崎總守護神，也因做為長崎宮日節的舉辦地點而著稱。有許多人來消災解厄或祈求良緣。

長崎市 月見茶屋
つきみちゃや

☎095-822-6378
長崎市上西山町19-1 10:00～16:00(1、15日、週六日、假日為9:00～17:00) 休除1、15日、假日外的週三(1、15日、假日逢週三則翌日休) P有 諏訪神社前電車站步行5分 MAP 別冊4C-1

諏訪神社境內的日式甜點舖

位於諏訪神社境內的日式茶屋。有名的諏訪牡丹餅，是3個紅豆泥口味加上2個黃豆粉口味。還可以品嘗月見烏龍麵等麵類。

長崎市 江崎べっ甲店
えざきべっこうてん

☎095-821-0328
長崎市魚の町7-13
9:00～17:00 休無休 P有
公会堂前電車站步行3分 MAP 別冊4C-3

日本數一數二的玳瑁老字號

由黑泥建築傳承老店風氣，具有300年歷史的玳瑁店。從平價的飾品到高品味的美術工藝品，店內商品的種類繁多。

長崎市

和食 よひら
わしょく よひら

☎095-824-3450 ☎0120-313-450
長崎市船大工町5-7
11:30～14:30、17:00～21:30 休 無休 P 無
思案橋電車站步行8分 MAP 別冊6C-1

在富有風情的料亭享受鮮豔和食

改裝舊日式建築而成的店裏，設有桌席與暖爐桌席，能望見美麗的庭園。餐點以當季魚類及蔬菜為主，僅提供全餐。

長崎市

桃太呂 浜町店
ももたろ はまのまちてん

☎095-823-7542 長崎市浜町10-19
10:00～23:00（售完打烊）
休 無休 P 無 思案橋電車站即到
MAP 別冊6C-1

剛蒸出爐的熱呼呼肉包子

一口大小的「豬肉包子」（80日圓），裡面包的是豬肉和洋蔥。肉汁豐富，甘甜鮮味全鎖在肉汁裡頭。也可以寄到日本全國。

長崎市

幸瓶Ⅱ
こっぴんツー

☎095-822-9799
長崎市新地町12-4 9:00～21:00
休 無休 P 無 築町電車站步行3分
MAP 別冊6C-1

散發美麗光輝的琉璃工藝

這裡有許多價格親民、適合做伴手禮的琉璃工藝品。用水鑽與小花綴飾可愛妝點的裝飾玻璃珠一顆1500日圓起。

長崎市

西博爾德紀念館
シーボルトきねんかん

☎095-823-0707
長崎市鳴滝2-7-40 9:00～16:30 休 週一（逢假日則開館） ¥ 100日圓 P 有
新中川町電車站步行7分 MAP 別冊9B-4

了解與長崎有深厚關係的西博爾德

獲得長崎市都市景觀建築獎的浪漫風格建築，靈感來源是位於荷蘭萊頓市的西博爾德故居。展品以及館內收藏約有3700件，以遺物、著作、影片等方式介紹西博爾德的一生，並且舉辦西博爾德的相關企劃展等等。

→通往西博爾德紀念館的西博爾德通
↓緊鄰日本國家史跡「西博爾德宅邸遺跡」，紅棕色的外牆就是指標

長崎市

軍艦島遊船
ぐんかんじまクルーズ

☎095-822-5002（やまさ海運） 長崎市元船町17-3 長崎港客運大樓7、8號窗口 軍艦島周遊行程9:30、13:30，軍艦島登陸行程9:00、13:00，觀光丸繞行長崎港行程12:00、16:00（均採預約制，運行時間有可能變更，需洽詢） 休 保安檢查時（可能因天候取消航班） ¥ 軍艦島周遊行程3300日圓、軍艦島登陸行程4200日圓＋設施參觀費300日圓、觀光丸繞行長崎港行程2000日圓 P 有 大波止電車站步行3分 MAP 別冊5A-4

暢快巡遊長崎港、軍艦島

搭乘高速遊艇「Marbella」的巡航遊覽。以海底煤礦為日本高度成長帶來不小貢獻的軍艦島（端島）外海遊船行程，約1小時40分，30人起成行。登陸軍艦島的行程則需要3小時左右的時間，另外還有約1小時左右的觀光丸繞行長崎港行程。

↑周遊行程可從海上遙望長崎市區及軍艦島
→高速遊艇Marbella

長崎市

長崎縣亞熱帶植物園
ながさきけんあねうたいしょくぶつえん

☎095-894-2050
長崎市脇岬町833 9:00～17:00 休 第3週二（逢假日則翌日休） ¥ 300日圓 P 有
植物園前巴士站即到 MAP 別冊9A-4

飄蕩南國風情的植物樂園

位於長崎半島最西南端的植物園。32萬5000㎡的寬廣園區內育有超過1200種、45000株的亞熱帶植物，一年四季都能觀賞到各式各樣的植物。園內還有遊客中心、大型溫室、兒童冒險廣場、果樹溫室、恐龍運動場等設施。

↑位於34號縣道上
→觀賞生存在亞熱帶地區的色彩鮮豔植物

想看可愛的企鵝來療癒心靈
長崎企鵝水族館

位於長崎市郊外的橘灣一隅，以企鵝為主角的水族館。
育有棲息在這世界上18種企鵝當中的8種，多達170隻，
是一個參觀人數突破300萬人，男女老少都喜愛的人氣景點。

當做伴手禮♪
國王企鵝的布偶
從315日圓到52500
日圓，各種大小尺
寸都有

可以看到人氣王企鵝的療癒景點
長崎企鵝水族館

‖長崎市‖ながさきペンギンすいぞくかん

☎095-838-3131
長崎市宿町3-16 9:00～17:00
休 無休 ¥510日圓 P 有 ペンギン水族館前巴士站即到 MAP 別冊9B-4

看看有什麼人氣活動

親密接觸企鵝海濱

能夠在緊鄰水族館的海濱，觀賞一下游泳、一下玩耍的漢波德企鵝。上午11時40分和下午2時10分開始的餵食體驗，限定前10組參加，一次100日圓。

每週六日、假日、學校長假期間舉辦 10:30～15:00

觸摸漢波德企鵝

每個星期大排長龍的人氣活動。來摸摸乖巧漢波德企鵝的身體和羽毛吧。

每週六日、假日舉辦 14:30～15:00

入館者突破300
萬人!!小孩大人
都喜歡

在水深4公尺的水槽中游泳的模樣，就好像在空中飛翔一樣很有魄力

企鵝的自我介紹

跳岩企鵝
特徵為黃色眉毛和紅色眼睛

國王企鵝
脖子到胸部的黃羽毛很漂亮

非洲企鵝
胸前的羽毛是純白色！

小藍企鵝
世界上體型最矮小的企鵝

巴布亞企鵝
具有好奇心旺盛的個性

漢波德企鵝
胸部附近有黑色斑點

馬可羅尼企鵝
「馬可羅尼」是「時髦男子」的意思

麥哲倫企鵝
脖子到胸部之間有2條線

從價格實惠到富麗奢華 長崎市內的推薦飯店①

符合「便於觀光」、「景色漂亮」、「價格合理」等多樣需求的長崎市內飯店。
合乎你期望的飯店，在這裡一定找得到。

1散發高級氣息的大廳　2客房的設計簡潔又摩登
3屬世界最大規模的連鎖飯店Best Western International當中最高級的PREMIER Hotel。JR長崎站步行8分

飯店備品、寢具也很高級

BEST WESTERN PREMIER Hotel Nagasaki

ベストウェスタンプレミアホテル長崎

飯店前就是路面電車站，作為市內觀光的據點是再方便不過了。客房裡有原創的備品，並使用高級寢具，提供房客更加美好的飯店體驗。

☎095-821-1111
⌂長崎市宝町2-26
🕒IN14:00 OUT11:00
🚉寶町電車站即到
¥單人房16000日圓、雙床房27000～34000日圓、雙人房25000～29000日圓
MAP 別冊2C-3

獨家的飯店備品

牙刷的軟硬度以及毛巾的柔軟度等，經工作人員嚴格挑選的備品真的很有魅力。洗髮精等也是選用天然成分的產品。

豐富的備品能為你帶來舒服的住宿體驗

搭車乘船都能前往的海上樂園

Nagasaki Onsen Yasuragi Ioujima

長崎温泉 やすらぎ伊王島

位於長崎港外海的伊王島上度假村。共有4間飯店，計121間客房。住宿設施之外，還有水療中心、能眺望海景的餐廳以及溫泉等設施。如要開車前往，下長崎南環狀線新戶町IC（交流道）約25分。

☎095-898-2202
⌂長崎市伊王島町1-3277-7
🕒IN14:00 OUT11:00
⚓長崎港大波止客運大樓搭乘高速船Cobalt Queen號19分，伊王島港下船，步行4分
¥2人1房附2食，1人13130～20130日圓 MAP 別冊9A-4

活動種類充實

占地內除了有溫泉建築、按摩和酵素浴池等設施，還可以打桌球、撞球和騎自行車。夏季時附近的海水浴場會開放。

設備完善的伊王島海水浴場Costa Del Sol

1溫泉是氯化鈣、氯化鈉泉質的源泉流動式溫泉
2春夏秋冬一晚附2食的費用專案為2人1間，每人13130日圓～20130日圓
3島嶼上才看得到上升的旭日和沒入海平線的夕陽

從價格實惠到富麗奢華
長崎市內的推薦飯店②

長崎站周邊

H HOTEL NEW NAGASAKI
ホテルニューながさき

HP C 新 煙

☎095-826-8000
¥S21384日圓～、T30888日圓～
室T101、W4、行政雙床房32、其它11
IN14:00 OUT11:00 JR長崎站即到
P有 MAP別冊5A-2

設有婚宴會場和宴會廳等的多功能都會型飯店。館內有和洋中式餐廳，以及酒吧、蛋糕鋪、特產品名店街等設施。

長崎站周邊

H 長崎JR九州飯店
ジェイアールきゅうしゅうホテルながさき

HP C 新 煙

☎095-832-8000
¥S10800日圓、T19500日圓
室S114、T15 IN14:00 OUT11:00
JR長崎站即到
P有 MAP別冊5A-1

位於JR長崎站「AMU PLAZA NAGASAKI」的高樓層，交通非常方便。寬廣的客房裡放置了大尺寸的床，寢具全部使用羽絨被。

長崎站周邊

H 古歐萊酒店長崎站前
ホテル クオーレながさきえきまえ

HP C 煙

☎095-818-9000
¥S6400日圓～、T9800日圓～、W7800日圓～ 室S124、T23、W13 IN15:00 OUT10:00 JR長崎站即到
P有 MAP別冊5A-1

所有客房均備有線LAN、Wi-Fi，可以快速方便地使用筆記型電腦和智慧型手機。頂樓的女性專用樓層客房有豐富的備品，擁有高人氣。

長崎站周邊

旅 坂本屋
さかもとや

HP C

☎095-826-8211
¥附2食15000日圓～(未稅)
室和室12 IN15:00 OUT10:00
JR長崎站步行7分 P有
MAP別冊5B-3

創業於1894（明治27）年，格調高雅的料亭旅館。晚餐為當季盛產食材滿載的長崎傳統卓袱料理，當中尤其以燉煮8小時的「東坡煮」最受歡迎，還可以買來當伴手禮。

稻佐山周邊

H 稻佐山觀光酒店
いなさやまかんこうホテル

HP C

☎095-861-4151
¥附2食10800日圓～、附早餐7560日圓～
室S16、T57、和室17、和洋室78、特別室2 IN16:00 OUT10:00 観光ホテル前巴士站即到 P有 MAP別冊2A-3

位於有日本三大夜景之一美譽的名勝稻佐山的山腰上，不分日夜都有美麗的景觀。浴池有觀景大浴池和庭園露天浴池「花之癒」2種。

稻佐山周邊

H LUKE PLAZA HOTEL
ルークプラザホテル

HP C 煙 寬

☎095-861-0055
¥S15120日圓、T19440～30240日圓、和室36720～48600日圓、套房54000日圓 室S10、T69、和室4、套房4
IN14:00 OUT11:00 JR長崎站車程7分 P有 MAP別冊3A-4

以美麗夜景獲得高評價的飯店，由部分客房及館內餐廳可以望見長崎市區。客房有單人房、雙床房、套房以及和室可選擇。

稻佐山周邊

H 稲佐山温泉 ホテル Amandi
いなさやまおんせん ホテル アマンディ

HP C 煙

☎095-862-5555
¥T15400日圓～、W15400日圓～
室洋室6、和室雙床房10、行政樓層3
IN15:00 OUT10:00 上曙町巴士站即到 P有 MAP別冊3B-4

JR長崎站車程5分，位於稻佐山山腰上，館內各處都能看見美景。餐廳、岩盤浴、美容沙龍、護膚等設施充實，也可以不住宿純泡湯。

大浦海岸周邊

H 長崎蒙特利酒店
ホテルモントレながさき

HP C 煙

☎095-827-7111
¥S5400日圓～、T9400日圓～
室S64、T59 IN15:00 OUT11:00
大浦海岸通電車站即到
P有 MAP別冊7B-3

仿造與長崎具有深厚淵源的葡萄牙修道院建成的飯店。館內設有油燈博物館，展示19世紀歐洲的煤油燈。

※資料中的費用是房間費用。S＝單人房、T＝雙床房、W＝雙人房，S為1人，T、W為2人住宿的1晚房間費用

HP 有官方網站　C 可使用信用卡　新 2010年後開業或重新翻修
煙 有禁煙房　♨ 有露天浴池　寬 單人房為20㎡以上
↓ 一般退房時間為11時以後　✿ 提供女性專屬服務
旅 旅館　H 飯店　民 民宿　公 公共旅店　P 歐式民宿

不妨確認是否有露天浴池，或是提供女性專屬的服務等項目，來選擇自己喜愛的飯店吧。

南山手

H SETRE GLOVER'S HOUSE NAGASAKI
セント グラバーズハウスながさき

HP C 煙 ↓

☎095-827-7777
¥T30000日圓～、W30000日圓～
室T20、W3 ⏲IN15:00 OUT12:00
🚉大浦天主堂下電車站即到
P有 MAP別冊7B-3

位於南山手的南歐風格都會型飯店。客房只有雙床房及雙人房二種，使用了西班牙進口的傢俱。餐廳提供使用當地山珍海味的料理。

南山手

H ANA Crowne Plaza Nagasaki Gloverhill
エーエヌエークラウンプラザホテルながさきグラバーヒル

HP C 新 煙 寬 ↓

☎095-818-6601
¥S14256日圓～、T23760日圓～、W23760日圓～ 室S34、T160、W20 ⏲IN14:00 OUT11:00 🚉大浦天主堂下電車站即到
P有 MAP別冊7B-3

座落在洋溢著異國風情的南山手，就位於前往哥拉巴園、大浦天主堂的坡道入口處，觀光十分方便。館內的大廳及餐廳氛圍沉穩。

銅座

H Victoria Inn Nagasaki
ビクトリア・インながさき

HP C 煙 寬 ↓ ✿

☎095-828-1234
¥S12500日圓、T22700日圓、W15400～17100日圓 室S39、T38、W10
⏲IN13:00 OUT11:00 🚉觀光通り電車站即到 P有 MAP別冊5B-4

所有客房都使用雙人床，可以放鬆休息。館內設有使用天然食材的自助餐廳。每間客房都能連接網路。

築町周邊

H 長崎日航都市飯店
ホテルジャルシティながさき

HP C 煙 ↓

☎095-825-2580
¥S11880～18360日圓、T21600～30240日圓、W19440～21600日圓
室S54、T89、W27 ⏲IN14:00 OUT11:00
🚉築町電車站步行3分 P有 MAP別冊6C-1

客房有單人房、雙床房、雙人房等3種，皆配置尺寸稍大的床鋪和浴室。館內還設有配備了電腦的商務中心。

築町周邊

H 長崎華盛頓酒店
ながさきワシントンホテル

HP C 煙

☎095-828-1211
¥S8100～9180日圓、T14040～32400日圓 室S230、T70
⏲IN14:00 OUT10:00 🚉築町電車站即到 P有 MAP別冊6C-1

色調高雅的客房裡飾以繪畫，寢具使用羽絨被，營造出安穩恬適的空間。館內設有伴手禮區和咖啡廳。離巴士總站和電車站不遠，作為觀光據點相當方便。

思案橋周邊

H Richmond Hotel Nagasaki Shianbashi
リッチモンドホテルながさきしあんばし

HP C 煙 ↓ ✿

☎095-832-2525
¥S6500日圓～、T12300日圓、W8800日圓～ 室S132、T55、W22 ⏲IN14:00 OUT11:00 🚉思案橋電車站即到
P有 MAP別冊6D-1

兼具了高級感和功能性，無論是做為商務住宿或是觀光旅行都非常適合的飯店。大張的床鋪使用了羽絨被，能夠無壓力地放鬆休息。

立山周邊

旅 にっしょうかん別邸紅葉亭
にっしょうかんべっていこうようてい

HP C 煙 ↓

☎095-824-2152
預約專線☎095-821-8859
¥附2食14000～50000日圓 室和室14、和洋室4、特別室5 ⏲IN14:00 OUT11:00
🚉JR長崎站車程10分 P有 MAP別冊2C-3

位於西坂之丘的山腰，能夠俯瞰長崎港及長崎市區，客房可以看到美麗的夜景。使用了當令食材的懷石料理和長崎名產卓袱料理都備受好評。

立山周邊

旅 にっしょうかん新館梅松鶴
にっしょうかんしんかんばいしょうかく

HP C 煙 ♨

☎095-824-2153
預約專線☎095-821-8859
¥附2食10000～25000日圓 室和室25、和洋室28、特別室4 ⏲IN15:00 OUT10:00
🚉JR長崎站車程10分 P有 MAP別冊2C-3

格調高雅、飄散和風氛圍的典雅觀光旅館，所有房間皆能欣賞夜景的客房，分為和室、和洋室、特別室等3種。設有能眺望港都夜景的大浴池，觀景露天浴池尤其大受歡迎。

能眺望長崎夜景的飯店更加推薦。

前往祈願之島──五島
～美麗彩繪玻璃的教堂巡禮～

由大大小小約140多座島嶼構成的五島，其中位於西南邊緣的福江島上，散布著多間傳承天主教遭鎮壓歷史的教堂。
不妨租輛車，花上一天看看這些景點吧。

教堂內的彩繪玻璃以五島的山茶花為主題

紅磚建造的哥德式教堂

天主堂前的「Almeida傳教碑、相遇之日」

抱著幼小耶穌的瑪莉亞像

映在奧浦灣上的紅磚瓦
堂崎天主堂

どうざきてんしゅどう

建於1908（明治41）年，為五島歷史最悠久的洋風建築。天主堂的內部現在做為資料館，展示著五島基督教及其被鎮壓的歷史、資料。

☎0959-73-0705 ⌂五島市奧浦町2019 ◷9:00～17:00（11月11日～3月20日到16:00）休 無休 ¥ 300日圓
P 有 🚗 福江港車程20分 MAP 76

參觀教堂的禮節

* 禁止進入祭壇
* 不可拍攝彌撒（禮拜）
* 禁止飲食、吸菸
* 必須穿著不暴露的服裝
* 不碰觸教堂內的東西

混合了羅馬式、哥德式、和風建築樣式的天主教水之浦教堂

水之浦教堂裡的露德聖母像

或紅或藍，色彩繽紛的彩繪玻璃真是美麗迷人

貝津教堂是木瓦屋頂建築，屋頂上的尖塔是1967（昭和37）年增建的

前往福江島的交通方式

前往福江島最好的方法，就是從長崎港搭船。九州商船最快3小時10分、高速船最快1小時25分抵達福江港。島上觀光以租車較為方便。

日產租車福江港碼頭店　☎0959-72-5175
⌂五島市東浜町2-3-1 ◷8:00～17:00

建於高地上的白色教堂

天主教水之浦教堂

カトリックみずのうらきょうかい

水之浦地區是江戶時代移民過來的天主教徒所開墾之地。現在的木造教堂是1938（昭和13）年所重建，高聳入藍天的尖塔耀眼美麗。

☎0959-82-0103 ⌂五島市岐宿町岐宿1644 ◷8:00～16:00
休 無休（祭儀中、儀式中不開放參觀） ¥ 免費 P 無
🚗 福江港車程22分 MAP 76

穿過彩繪玻璃的光線溢滿教堂

貝津教堂

かいつきょうかい

1924（大正13）年，由40幾戶的信眾建造的木造教堂。光線穿過彩繪玻璃照進教堂，堂內還以當季花卉妝點，充滿了簡樸卻溫暖的感覺。

☎0959-84-2099（三井樂教會） ⌂五島市三井楽町貝津458
◷9:00～17:00（需確認） 休 不定休 ¥ 免費 P 有
🚗 福江港車程10分 MAP 76

如果要去福江島，也造訪這些地方吧

以電影『惡人』等的故事背景聞名

突出於東海上的風景勝地

大瀨崎斷崖

おおせざきだんがい

綿延20公里長的斷崖絕壁有100公尺到150公尺的高度，十分雄偉壯觀。

☎0959-87-2211（五島市玉之浦分所地域振興課） ⌂五島市玉之浦町玉之浦 ◷自由參觀 P 有 🚗 福江港車程1小時 MAP 76

美麗的銀白沙灘和藍色海景

日本海岸百選之一

高濱

たかはま

位於福江島北部、三井樂町的南端，和頓泊海岸相鄰的沙灘。夏天有海邊之家營業。

☎0959-84-3162（五島市三井樂支所地域振興課） ⌂五島市三井楽町貝津1054-1 ◷自由參觀 P 有 🚗 福江港車程40分 MAP 76

午間全餐1296日圓起，菜色有五島海域的鮮魚與和牛菲力等

位於眺望藍海的高地上

椿茶屋

つばきぢゃや

位於香珠子海岸附近，深入山路後的高地上。可以品嘗炭火燒烤的五島山珍海味。

☎0959-73-5940（五島椿物產館） ⌂五島市浜町香珠子1248 ◷11:00左右～22:00左右（需於前日中午前預約） 休 不定休 P 有 🚗 福江港車程25分 MAP 76

網羅多種使用五島山茶花製作的洗髮精等商品

匯集三井樂町魅力的公路休息站

遣唐使ふるさと館

けんとうしふるさとかん

國道384號旁的公路休息站。附設有介紹遣唐使歷史的劇院和餐廳。

☎0959-84-3555 ⌂五島市三井楽町浜ノ畔3150-1 ◷9:00～18:00（餐廳11:30～14:00、18:00～20:00） 休 無休 ¥ 影像劇院310日圓 P 免費 🚏 遣唐使ふるさと館巴士站即到 MAP 76

洋溢著異國風情的港都長崎
有著最適合散步的明朗氣息。
望著有美麗彩繪玻璃的白色教堂
或是紅磚建築，
一步一步走在以前荷蘭人
也曾走過的古老石板坡道上。
隨著雙腳的步伐，
順從心情的所望，
一邊欣賞街道的風景，
在長崎走一走吧。

雲仙・島原

綠意盎然的山間飄蕩著白煙的雲仙溫泉。
以前曾作為外國人避暑地而繁榮的這個地方，
有一間又一間紅色屋頂搭配東西合璧構造的溫泉旅社，
今日依舊以古典風情邀約旅人造訪。
東邊是水鄉古城的島原，
西邊是遙望橘灣的小濱溫泉。
不妨和某個人，或是自由自在地一個人，
到高原上的度假勝地享受一番吧。

大略地介紹一下雲仙・島原

位於島原半島正中央的雲仙，是日本最早被列為國立公園的自然豐沛地帶。
另一方面，東岸的島原則是白牆隨著巷弄綿延不絕、
清澈流水聲帶來涼爽氣息的水都古城，兩處都是可盡情泡湯的地方。

雲仙、島原的遊逛方式

由雲仙往島原的大眾交通工具只有島鐵巴士，一天運行12班，需時45分。雲仙～小濱也是搭島鐵巴士移動，需時約25～28分。若從JR諫早站出發，附近有租車公司，可以自駕觀光。

前往島原半島的陸路&海路

☞陸路的門戶是諫早

想循陸路前往島原半島，必經之地就是諫早。如果由JR諫早站出發，往雲仙搭島鐵巴士，往島原搭島原鐵道，就能抵達目的地。開車的話，起點應在長崎自動車道的諫早IC（交流道）。

島鐵巴士☎0957-62-4707

☞熊本的三港搭船前往

循海路前進的話，熊本的長洲～多比良搭有明渡輪、熊本～島原搭九商渡輪和熊本渡輪、天草的鬼池～口之津則有島鐵渡輪開航。

有明渡輪 ☎0957-78-2105
九商渡輪 ☎096-329-6111
熊本渡輪 ☎0957-63-8008
島鐵渡輪 ☎0957-62-2447

在JR諫早站，做好旅行的萬全準備

☞往雲仙的第一步從諫早站前開始

往雲仙的第一步從諫早站前的諫早巴士總站開始。本書所記載的設施，交通方式皆以沿途行經的「小浜」、「西入口」、「雲仙お山の情報館」巴士站和「島鉄雲仙営業所」出發的路線為標示。到「島鉄雲仙営業所」需時1小時23分。

☞往島原需在JR諫早站轉乘島原鐵道

往島原可搭乘島原鐵道移動，由JR諫早站的0號月台乘車處出發。抵達本書刊載設施的起點島原站，需時1小時5分左右。

☞轉乘前先填飽肚子

不論是雲仙或島原，搭乘大眾交通工具循陸路出發的起點都是JR諫早站。轉乘島鐵巴士、島原鐵道之前，可以在站前的家庭式餐廳用早餐或是午餐，站內還附設有速食店。

小小清單check
- ☐旅遊書
- ☐相機
- ☐防曬用品
- ☐帽子
- ☐傘　etc…

眺望橘灣的溫泉地
小濱溫泉 P.88～90
おばまおんせん
雲仙市西岸的溫泉設施。水蒸氣裊裊上升的溫泉鄉風景，誘發旅遊興致。

高原度假區
雲仙溫泉 P.88～90
うんぜんおんせん
自古以來便以外國人避暑勝地而繁榮的溫泉鄉。建築的屋頂統一為紅色，保留了原有的景觀。

留有城下町的舊樣貌
武家宅邸
ぶけやしき

P.82

歷史悠久的街景，無論過去現在皆有清泉流過佈滿青苔的溝渠，清涼水聲帶來風雅氛圍。

島原的象徵
島原城
しまばらじょう

P.87

以松平7萬石的城下町而繁盛的島原一大象徵。

「水都古城」的一大風景
錦鯉湧水街道
こいのおよぐまち

P.83

湧出清澈湧水的島原風景之一，讓人想沿著溝渠散步。

雄偉的天然美景
雲仙普賢岳
うんぜんふげんだけ

日本最早被指定為國立公園的群山，隨著季節變幻的風景，填滿了造訪者的遊心。

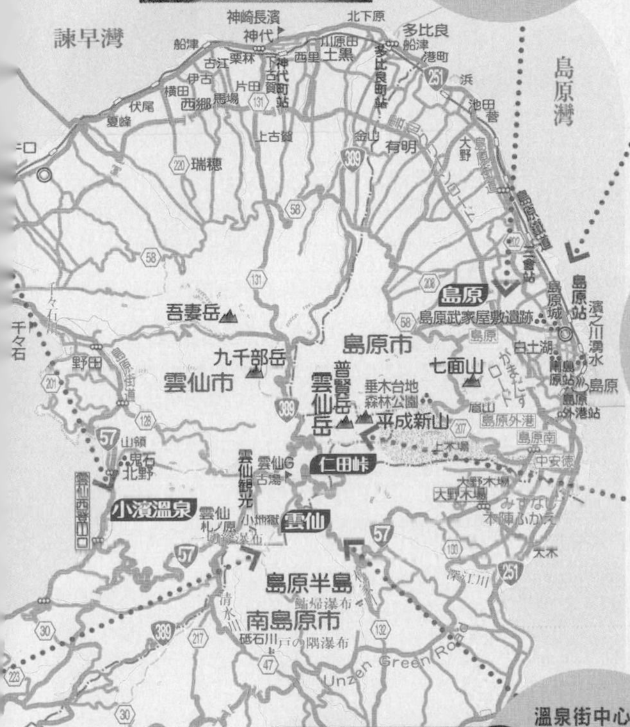

溫泉街中心區
雲仙地獄
うんぜんじごく

P.85

雲仙溫泉的源泉集中處，也是雲仙人氣最高的觀光景點。

每月第2、4週日可以任意搭乘島原鐵道、島鐵巴士全部路線，以及島鐵渡輪的一日乘車券「Shimatetsu Free Pass」1000日圓，在島原鐵道諫早站等地販售。

清涼水聲帶來好心情
島原到雲仙的愜意之旅〈第1天〉

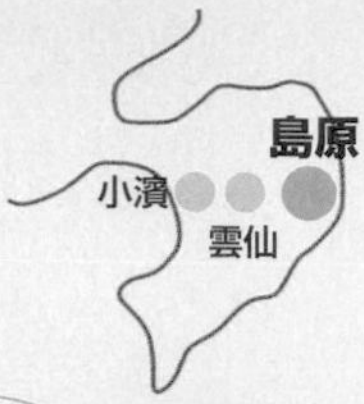

造訪島原半島東部的島原，和位於中心地帶的雲仙2天1夜旅程方案。
第1天前往江戶晚期松平7萬石的城下町，以水鄉聞名的島原。
聽著湧泉的潺潺水聲，漫步在這獨具風情的城鎮吧。

總塗籠式的白牆閃閃發光、相當搶眼的島原城（P.87）。
前往武家宅邸的途中可以看到

小·小·旅·程·提·案 第1天

START 島原鐵道 島原站
步行10分
1 武家宅邸
步行7分
2 青い理髪館 工房モモ
步行10分
3 しまばら水屋敷
步行即到
4 錦鯉湧水街道
↓步行6分
島鐵巴士總站
↓巴士51分
民芸の宿 雲仙 福田屋（住宿P.84）
待續

重現島原藩的武士生活

1 武家宅邸

ぶけやしき

還留有濃濃城下町風情的武家宅邸。山本邸、篠塚邸、鳥田邸這3間開放一般民眾參觀，內部展示穿著當時服裝的武士人偶，介紹以往的生活方式。

↑宅邸前有流淌島原湧泉的水路通過
↓能了解武家的生活

歷史性建築
☎0957-63-1111（島原市島原觀光招待課）
島原市下の丁 9:00～17:00（自由參觀外觀）休無休 ¥免費 P有
島原鐵道島原站步行10分
MAP 別冊11A-2

買一張愛的單程票吧

島原鐵道的愛野站（MAP 別冊9C-3）和附近的「吾妻站」站名連起來念，就成了日語的「我最愛的妻子」，因而被視為戀愛景點深受矚目。附上愛野站到吾妻站單程票的最愛認定證250日圓。

大正時代的理髮廳變身咖啡廳

2 青い理髪館 工房モモ

あおいりはつかん こうぼうモモ

直接使用大正時代理髮廳的鏡子和椅子的咖啡廳，復古氛圍和沉穩優雅的城下町街景非常協調。蛋糕套餐720日圓起，2樓為藝廊。

↑雪白的輕乳酪蛋糕套餐720日圓
↓彷彿是電影場景的藍色建築

咖啡廳 ☎0957-64-6057
⌂島原市上の町888-2
🕒10:30～19:00（11～3月至18:00，週一、假日至17:00）休 週四、第1、3週三（逢假日則營業）P 有 🚉 島原鐵道島原站步行7分
MAP 別冊11A-2

望著清澈泉水湧出的庭園放鬆

3 しまばら水屋敷

しまばらみずやしき

這棟古民宅咖啡廳，擁有一天會湧出4000公秉清泉的水池。餐點有寒晒白玉（324日圓）等鄉土甜點及咖啡、抹茶等。島原的名產素麵則在5月到9月登場。

↑可以在緣廊悠閒地度過
↓位於商店街裡的古民宅咖啡廳

名勝 ☎0957-62-8555
⌂島原市万町513-1
🕒11:00～17:00（寒晒白玉售完即打烊）
休 不定休 P 無
🚉 島原鐵道島原站步行8分
MAP 別冊11B-2

水鄉島原的水色風景

4 錦鯉湧水街道

こいのおよぐまち

位在商店街後方的新町通，又名「錦鯉湧水街道」。鯉魚在溝渠中悠游的風景，正說明了「水鄉島原」的稱號由來。還設有小公園，成為休憩的場所。

↑色彩鮮豔的錦鯉在水中悠游
↓位於水路附近的免費休憩處，島原湧水館

名勝
☎0957-63-1111（島原市島原觀光招待課）
⌂島原市新町2
🕒自由參觀 P 無
🚉 島原鐵道島原站步行10分
MAP 別冊11B-2

住宿地點選在第二天旅遊起點的雲仙會比較方便，但住在島原，隔天早點出發也不錯喔。

在高原的溫泉度假區做美容、嘗美食
島原到雲仙的幸福之旅〈第2天〉

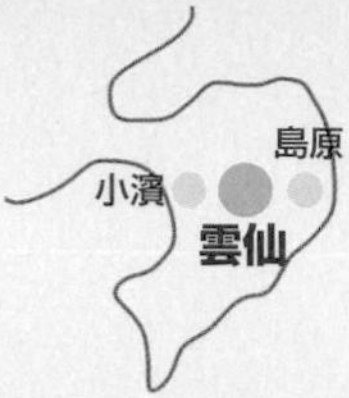

第1天下榻於雲仙，第2天就從下榻處往雲仙地獄所在的溫泉街遊逛。在美術館或是餐廳盡情享受，再開車20分鐘左右前往仁田峠，一探雲仙普賢岳的風采，也是不錯的行程喔。

從雲仙溫泉街車程20分左右即可抵達的仁田峠(P.86)。由海拔1080公尺的隘口上，可以瞭望雲仙普賢岳的四季風情。

民藝風格樣式讓人從心底放鬆

5 民芸モダンの宿 雲仙福田屋

みんげいモダンのやど うんぜんふくだや

能感受木頭溫潤質感的民藝風旅館。設有庭園露天浴池、包租浴池。旅館內的「民芸茶屋 力」使用雲仙普賢岳的熔岩烤製原創餐點很受歡迎。禮品店等設施也很充實。

↑風景會隨著季節更迭的庭園露天浴池
↓和風摩登的和洋室

溫泉旅館 ☎0957-73-2151
雲仙市小浜町雲仙380-2
IN15:00 OUT10:00
¥1泊2食12150～27050日圓
P有 西入口巴士站即到
MAP 別冊11B-4

小・小・旅・程・提・案 第2天

接續

5 民芸モダンの宿 雲仙福田屋

步行6分

6 雲仙地獄

步行5分

7 雲仙玻璃美術館

步行3分

8 百年ダイニング

步行即到

GOAL 雲仙お山の情報館前巴士站

曾做為外國人的避暑勝地而繁華的度假地

雲仙溫泉夏季涼爽，平均氣溫不到22℃，據說明治時期有許多外國人造訪，成為避暑勝地而熱鬧非凡。日本最早的公眾高爾夫球場雲仙高爾夫球場（☎0957-73-3368／MAP 別冊11A-3），也是在這股潮流下開業。

雲仙觀光的重點就是地獄巡禮

6 雲仙地獄

うんぜんじごく

也以鎮壓天主教之地而聞名的源泉湧出地，有御絲地獄、大叫喚地獄等約30處各具名稱的地獄，設有約30分可走完全程的散步步道。

↑位於溫泉街中心，煙霧瀰漫的雲仙地獄
↓水蒸氣和紅葉的顏色對比實在美麗

名勝 ☎0957-73-3434（雲仙溫泉觀光協會）
住 雲仙市小浜町雲仙
時 自由參觀（無照明設備） P 有
交 雲仙お山の情報館前巴士站步行3分
MAP 別冊11B-3

可以欣賞玻璃之美的美術館

7 雲仙玻璃美術館

うんぜんビードロびじゅつかん

位於溫泉街中心區域的歐式風格美術館，收藏了約300件從長崎興起的江戶時期「Vidro（玻璃）」，以及19世紀歐洲的玻璃藝品等。工坊裡還可以體驗玻璃的製作。

↓閃耀著美麗光輝的作品群集，其中最具代表性的作品是大師魯賓斯基的「Horizon」

美術館 ☎0957-73-3132
住 雲仙市小浜町雲仙320 時 9:00～17:30（玻璃體驗報名至16:00） 休 無休
¥ 700日圓 P 有 交 西入口巴士站即到
MAP 別冊11B-4

值得一嘗的平成新山冰

8 百年ダイニング

ひゃくねんダイニング

位於九州大酒店（P.88）2樓，可以將雲仙地獄一覽無遺。用蛋白霜包起香草冰淇淋，再炙烤表面的原創平成新山冰十分著名。各種午餐1650日圓起。

↑平成新山冰650日圓
↓古典氣氛的店內空間

餐廳 ☎0957-73-3234（九州大酒店）
住 雲仙市小浜町雲仙320 九州大酒店2F
時 11:30～14:30
休 無休 P 有
交 雲仙お山の情報館前巴士站即到
MAP 別冊11B-3

雲仙溫泉的散步走累時，可以前往雲仙足湯廣場（P.86），是個可以免費利用的方便設施。

觀光、溫泉、美味的餐點 告訴你雲仙、島原的好地方

為了讓這趟旅行更值回票價，
在此介紹空檔時間可以順道一遊的地方。
島原半島特有的著名料理要特別注意。

雲仙市 仁田峠
にたとうげ

☎0957-73-3434（雲仙溫泉觀光協會）
⌂雲仙市小浜町雲仙551 ⏱空中纜車需洽詢 P有 📍島鐵雲仙營業所巴士站車程20分 MAP別冊9C-4

從瞭望台眺望平成新山

距雲仙溫泉街車程20分鐘左右。相當於妙見岳和野岳鞍部的仁田峠海拔1080公尺。春天有10萬株的九州杜鵑為山脈染上顏色，秋天有紅葉，冬天有如夢似幻的霧冰可欣賞。通往妙見岳山頂的雲仙空中纜車，乘車處附近就有瞭望台，可以看到因1990年火山爆發而誕生的平成新山。

←有空中纜車開往山頂
↓12月下旬到3月上旬能看到霧冰，視野所及皆是夢幻般的風景

雲仙市 雲仙小地獄溫泉館
うんぜんこじごくおんせんかん

☎0957-73-3273（國民宿舍 青雲莊）
⌂雲仙市小浜町雲仙500-1 ⏱9:00～21:00 休無休 ¥泡湯費420日圓 P有 📍西入口巴士站步行10分 MAP別冊11C-3

牛奶色的柔和溫泉

直接使用雲仙最大溫泉量的小地獄溫泉源泉的共同浴場。從浴槽裡滿溢出的牛奶色溫泉，營造出溫泉特有的情懷。

雲仙市 遠江屋本舖
とおとうみやほんぽ

☎0957-73-2155
⌂雲仙市小浜町雲仙317 ⏱8:30～22:00 休不定休 P有 📍島鐵雲仙營業所巴士站步行5分 MAP別冊11B-4

一塊一塊手烤的「溫泉煎餅」

這裡製造、販賣自古流傳於雲仙溫泉的樸素口味溫泉煎餅。工坊就在店內，每塊都是統一手工烤出來的純一枚手燒雲仙湯煎餅一片80日圓。

雲仙市 白雲池
しらくものいけ

☎0957-73-2543（自然公園財團雲仙支部）
☎0957-73-3745（ボード喜久さん） ⌂雲仙市小浜町雲仙絹笠山麓 ⏱小船為9:00左右～17:00左右 休¥需洽詢 P有 📍白雲の池入口巴士站步行10分 MAP別冊11C-4

在森林湖畔度過靜謐時光

大約1公頃的人工池周邊設有林間步道。4月26日到5月5日、7月25日到8月31日可以露營。春季到秋季可以划小船或是腳踏船。

雲仙市 波の湯「茜」
なみのゆあかね

☎0957-74-2672（小濱溫泉觀光協會）
⌂雲仙市小浜町マリーナ20 ⏱7:00～19:00 休不定休 ¥泡湯費300日圓 P有 📍西登山口巴士站步行3分 MAP別冊12B-2

露天浴池望出去的景色絕美

位於小濱海邊的溫泉館。設有面向橘灣的露天浴池，可以邊泡湯邊望著夕陽沈入海平線。為保護環境，這裡禁止使用肥皂等清潔劑。

雲仙市 雲仙足湯廣場
うんぜんあしゆひろば

☎0957-73-3434（雲仙溫泉觀光協會）
⌂雲仙市小浜町雲仙320 ⏱9:00～17:00 休無休 ¥免費 P無 📍雲仙お山の情報館前巴士站即到 MAP別冊11B-3

解除疲勞的熱門地點

在雲仙宮崎旅館旁的廣場上，設有直徑4公尺左右圓形浴槽的足湯，還搭建了遮陽的屋頂。有許多觀光客在逛完雲仙地獄後都會來這裡。

雲仙市 雲仙古玩博物館
だがしやさんはくぶつかん

☎0957-73-3441
⌂雲仙市小浜町雲仙310 ⏱9:00～18:00 休不定休 ¥2樓博物館200日圓 P有 📍島鐵雲仙營業所巴士站即到 MAP別冊11B-4

滿是令人懷念的物品

日本國內也相當少見的古早味零食和用品的博物館。1樓是零食雜貨店，2樓是博物館。博物館裡展示的物品約有5000件。

雲仙市 蛇の目
じゃのめ

☎0957-74-2769
⌂雲仙市小浜町北本町852 ⏱11:00～20:00 休週四（逢假日則營業） P有 📍小浜発着所巴士站即到 MAP別冊12C-1

牛奶風味的湯麵

和風高湯裡加上豚骨高湯的長崎強棒麵，有海鮮的鮮甜味。從強棒麵獲得靈感的牛奶風味湯麵也很受歡迎。

島原市 茶房&ギャラリー速魚川
さぼうアンドギャラリーはやめがわ

☎0957-62-3117（猪原金物店）
⌂島原市上の町912 ⏲11:00～17:30
休 週三（逢假日則營業）P有 🚉島原鐵道島原站步行3分 MAP 別冊11A-2

島原著名甜點「寒晒白玉」
建造於安政年間，被指定為國家登錄有形文化財的「猪原金物店」，後方就是茶房&藝廊。島原名產「寒晒白玉」，在甜甜的糖蜜上，漂浮著用湧泉冰鎮過的白湯圓，以及使用湧泉水沖泡的咖啡等，都能在這裡品嘗到。店家旁邊有普賢岳的伏流水形成的「速魚川」流過，到了6月還可以看到螢火蟲喔。

←用麥芽糖和砂糖製成的糖蜜中，浮著白湯圓的「寒晒白玉」（450日圓）

↓在欣賞中庭的同時品味島原才有的名產

島原市 漁人市場 とっとっと
ふないちば とっとっと

☎0957-63-9911
⌂島原市湊新地町451 ⏲11:00～21:30 休 不定休 P有 🚉島原鐵道南島原站步行5分 MAP 別冊11C-1

享用島原的海鮮
有由江戶時代米倉改建而成的餐廳、販賣活魚和海鮮的市場建築以及釣魚池的複合設施，可以享用島原名產的河豚餐。

島原市 島原城
しまばらじょう

☎0957-62-4766
⌂島原市城内1-1183-1 ⏲9:00～17:30
休 無休 ¥540日圓（天守閣、西望紀念館、觀光復興紀念館的三館通票）P有 🚉島原鐵道島原站步行5分 MAP 別冊11A-2

城下町島原的象徵
江戶初期築城以來，約有250年左右曾做為四氏19代的居城。現在的天守閣是1964（昭和39）年修復完成的，天守閣內有天主教史料館。

島原市 元祖 具雜煮 姫松屋本店
がんそ ぐぞうに ひめまつやほんてん

☎0957-63-7272
⌂島原市城内1-1208-3 ⏲10:00～19:30（6·7月至18:30）休 第2週二（可能變更）P有 🚉島原鐵道島原站步行10分 MAP 別冊11A-2

與天草四郎有關的鄉土菜
在這裡可品嘗加了13種料的島原獨特鹹粥「具雜煮」。相傳具雜煮是島原之亂時，在島原作守城之戰的天草四郎所命人製作的兵糧。

島原市 味どころ 幸樂
あじどころ こうらく

☎0957-63-2200
⌂島原市栄町8640-1 ⏲11:00～14:30、16:30～22:30 休 週二（逢假日則營業）P有 🚉島原鐵道島原外港站步行10分 MAP 別冊11C-2

以河豚餐聞名的割烹料理店
創業於1946（昭和21）年的割烹料理店。將在島原被稱為「ganba」的河豚川燙，或是跟竹筍、蒜苗一起燉煮成的「ガネ炊き」都能在這裡吃到。

島原市 島原巨蛋 雲仙岳災害紀念館
がまだすドーム うんぜんだけさいがいきねんかん

☎0957-65-5555
⌂島原市平成町1-1 ⏲9:00～18:00 休 無休
¥1000日圓 P有 🚗島原鐵道島原站車程15分
MAP 別冊9C-4

體驗型的高科技博物館
該設施的目的是將雲仙普賢岳的噴發災害所造成的自然威脅以及受災體驗傳達給下一個世代。設有使用高科技的體驗區。

島原市 六兵衛
ろくべえ

☎0957-62-2421
⌂島原市萩原1-5916 ⏲10:30～23:00 休 週二（逢假日則營業）P有 🚉島原鐵道島原站步行10分 MAP 別冊11B-2

清爽口味的高湯配上蕃薯麵
在這間店可嘗到島原在江戶時代發生嚴重飢荒時，六兵衛所想出的應急食物「六兵衛烏龍麵」。麵是用蕃薯製成，相當有嚼勁。

島原市 中屋商店 中屋喫茶部
なかやしょうてん なかやきっさぶ

☎0957-62-3675
⌂島原市城内1-1186 ⏲10:00～17:00
休 週四（逢假日則營業）P有
🚉島原鐵道島原站步行5分 MAP 別冊11A-2

在獨具風情的餐廳享受島原美味
用味噌倉庫改建而成的風格餐廳。餐點有以海藻做成羊羹狀的餐點「英吉利（いぎりす）」、寒晒白玉、六兵衛烏龍麵等島原佳餚。

讓每個旅人都不禁心動
充滿至高幸福的療癒系住宿

為你介紹島原、雲仙、小濱這3個溫泉鄉的嚴選溫泉住宿。
每一間都有讓人心動的推薦特點。
不妨好好考慮，找出合乎旅行預算又正中喜好的下榻處吧。

❶17間和洋室中2間是特別房，附設可以望見旁邊雲仙地獄的露天浴池 ❷洋溢著古典氣氛的餐廳「百年ダイニング」（P.85）❸「峰之湯」是雲仙的包租制露天浴池中數一數二的寬廣規模

高雅餐飲深受歡迎的老字號飯店

九州大酒店 ‖雲仙‖きゅうしゅうホテル

就在雲仙地獄的旁邊，地點絕佳的老字號飯店。客房洋溢著採納和風元素的摩登氛圍。擁有創意料理餐廳「百年ダイニング」以及和食餐廳酒吧「喋々喃々」2個用餐處，全餐的主菜可以自由選擇。大浴池有規模為雲仙第一的男性露天浴池、能感受季節更迭的女性露天浴池、雲仙最大的包租露天浴池等，選擇多元。美容護膚及禮品店等設施也很充實。

☎0957-73-3234
住 雲仙市小浜町雲仙320
🕐IN15:00 OUT11:00 Ⓟ有
雲仙お山の情報館前巴士站即到
MAP 別冊11B-3

費用專案
※平　日 附2食18510日圓～
※假日前日 附2食19590日圓～

♥享受包租露天浴池
想私底下享受溫泉的話，採包租方式且附露天浴池的室內浴池「峰之湯」，房客包租1間40分2160日圓。不住宿也可利用，泡湯費為1間最多2人40分3240日圓，多1人加收540日圓。

歡迎您的歸來，親愛的客人。

這就是露天浴池。

和食請在喋々喃々享用。

豪華的餐點排～排站。

在洋室就寢？

1有3000㎡大面積的日本庭園　2溫泉為流動式，還有專門的熱水負責員調節溫度，管理周全　3格局方正的客房

眺望雲仙第一的日本庭園和地獄的旅館

雲仙宮崎旅館

‖雲仙‖うんぜんみやざきりょかん

擁有四季都有美麗花朵綻放的瑰麗日本庭園，在雲仙溫泉當中是屈指一首的知名旅館，名聲響亮。晚餐採一道道送至客房的方式，用餐時間會配合各間客房的需求逐一烹調。有接送服務（需確認）。

☎0957-73-3331
雲仙市小浜町雲仙320
IN14:00 OUT10:30
P有
雲仙お山の情報館前巴士站即到
MAP 別冊11B-3

費用專案
※平　日 附2食18000日圓～
※假日前日 附2食20000日圓～
（未稅、已含服務費）

♥名人專用的知名旅館
北原白秋、野口雨情等文人雅士、美空雲雀等名人都曾住宿過。這裡非常了解如何招待客人。

晚餐菜色隨季節變換，敬請期待。

開闊的包租露天浴池人氣超高

旅館 ゆのか

‖小濱‖りょかん ゆのか

因設有能眺望橘灣美麗夕陽的露天浴池而備受歡迎的旅宿。露天浴池為男女分浴，還有2個包租浴池。另也有大浴池、附寢湯的包租室內浴池，能夠盡情享受小濱的溫泉。餐點以近海捕獲的海鮮料理為主。

☎0957-75-0100
雲仙市小浜町北本町905-26
IN15:00 OUT11:00
P有
小浜巴士站步行5分
MAP 別冊12B-2

費用專案
※平　日 附2食10950日圓～
※假日前日 附2食14190日圓～

♥餐點
美味的原因
正因為老闆同時經營以魚料理聞名的活魚料理店，海鮮的鮮度和品質不在話下。對食材有好惡時需事先告知。

地點就在小濱海洋公園前面喲。

1沒有任何東西遮蔽，視野開闊的包租露天浴池
2以海鮮為主的全餐餐點　3新潮的藝廊＆咖啡廳

在露天浴池享受日本庭園的四季
ゆやど 雲仙 新湯

‖雲仙‖ゆやど うんぜん しんゆ

將流動式露天溫泉設於種植杜鵑的日本庭園內，廣受好評。晚餐是使用「半徑15英里」內當地產物的豪華宴席料理。

☎0957-73-3301
⌂雲仙市小浜町雲仙320
◷IN15:00 OUT10:00
Ⓟ有 📍雲仙お山の情報館前巴士站即到
MAP 別冊11B-3

費用專案
※平　日 附2食14190日圓～
※假日前日 附2食17430日圓～

♥一切都迎合女性的喜好
客房有精心設計的和式亞洲風格等，打造出沉穩優雅的氛圍，除了就寢用之外，還備有另外的鮮豔浴衣。

有各種女性專屬的住宿專案♪

1別有風情的露天浴池。女性用大浴池裡還有香氛浴池
2給人高雅印象的特別房　3位於雲仙溫泉的靠山處

露天浴池眺望美麗的夕陽
くつろぎの宿 旅館山田屋

‖小濱‖くつろぎのやど りょかんやまだや

濱海的旅館，能從最佳地點觀賞沈入橘灣的夕陽。5樓頂樓有男女分浴的露天浴池。民藝風的客房也廣受好評。

☎0957-75-0505
⌂雲仙市小浜町北本町905-7
◷IN15:00 OUT10:00
Ⓟ有
📍小浜巴士站步行3分
MAP 別冊12B-2

♥能包租的觀景露天浴池
被電視節目選為「九州絕景溫泉」的露天浴池，可包租！

費用專案
※附2食10950日圓～

用歷史悠久的溫泉放鬆身心
伊勢屋旅館

‖小濱‖いせやりょかん

以擁有小濱最悠久歷史為傲的旅館，因有著與齋藤茂吉頗具淵源的溫泉而著稱。館內有附設半露天浴池的客房、能欣賞美麗夕陽的客房等，也提供女性專屬的住宿專案。

☎0957-74-2121
⌂雲仙市小浜町北本町905
◷IN15:00 OUT10:00 Ⓟ有
📍小浜巴士站步行3分
MAP 別冊12B-2

♥浴池種類多元
男女分浴的室內和露天浴池外，還有預約制的包租浴池（50分1人1000日圓）。

費用專案
※附2食10950日圓～

彷彿日本畫中的絕景和美食旅館
東園

‖雲仙‖あずまえん

可以從位於鴛鴦池畔、極盡奢華能事的客房和溫泉欣賞美景。晚餐是以有田燒陶器裝盛，將當地美味入菜的懷石料理。

☎0957-73-2588
⌂雲仙市小浜町雲仙181
◷IN14:00 OUT11:00
Ⓟ有
📍島鉄雲仙営業所巴士站步行10分
MAP 別冊11A-4

♥設有美肌溫泉！
富含偏硅酸，據說具有保濕效果。

費用專案
※附2食22680日圓～

俐落有型的設計飯店
ORANGE BAY PRIVATE SPA HOTEL

‖小濱‖

位於海邊的設計師飯店，傢俱採用義大利產的訂製品。全部7間的客房，都配備了源泉放流的露天浴池。

☎0957-76-0881
⌂雲仙市小浜町マリーナ20-3
◷IN15:00 OUT11:00
Ⓟ有
📍西登山口巴士站即到
MAP 別冊12B-2

♥夕陽很美麗！
可以從客房的窗邊眺望橘灣景緻。

費用專案
※附早餐11500日圓～

豪斯登堡

重新再現了中世紀歐洲世界的豪斯登堡。
不妨以異鄉人的心情，
在這座一年四季都被花香包圍的城鎮裡漫步吧。
乘坐航行於運河上的遊艇觀光、
繞一繞美術館，
夜晚的聲光表演也是一大享受。
至於住宿就選在追求極至「頂級」的度假飯店。
想不想在這裡度過優雅的假期呢？

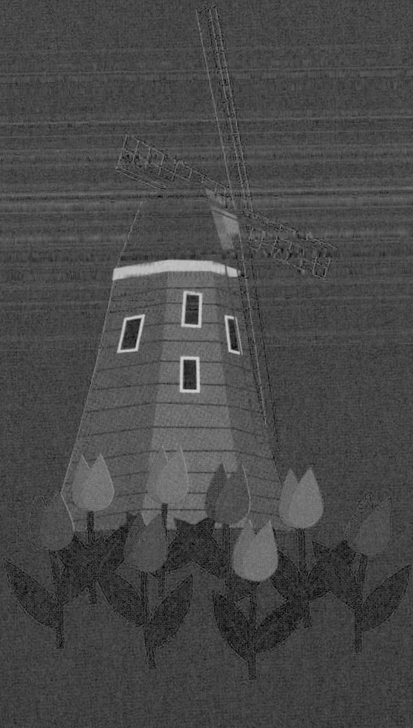

在四季花卉揮灑繽紛色彩的豪斯登堡度過優雅的假期

豪斯登堡是九州最具代表性的長住型度假村。
裡面有洋溢異國情調的紅磚建築、舒緩心靈的四季花卉、
以及各式各樣的活動等，看頭十足。

1

能在豪斯登堡

園內隨處可見都能看到鬱金香和玫瑰等季節花卉

春 SPRING 花之王國

2月中旬～7月中旬

豪斯登堡裡的花兒美麗盛開，是一年當中最繽紛的季節。從春天的鬱金香、芝櫻，到初夏的玫瑰、繡球花、百合，輪番登場的花朵爭奇鬥豔。鬱金香在有風車的花卉道路旁，玫瑰則是藝術花園最美。

迎著清爽的海風，享受輕鬆的度假村假期

夏 SUMMER 水上冒險王國

7月上旬～9月上旬

沐浴在陽光下，園內的樹木綠意盎然的豪斯登堡夏天，充滿了度假氣氛。以大型滑水道聞名的泳池裡，還設有可以維持私密空間的附頂蓬躺椅。夏季限定的啤酒節和煙火大會也值得期待。

1在園內散步，欣賞中世紀歐洲的街景　2將歐洲的西洋庭園改造成具現代風格的藝術花園　3從運河遊艇上望見的園內風景，又別有一番風味　4顛憬城的3D立體投影光雕　5在著名的三連風車前拍照留念　6也會舉辦由音樂家現場演奏的音樂節

享受的四季活動

在秋季晴空下盡享「食慾之秋」

秋 AUTUMN 世界花卉園藝展

10月上旬～10月中旬

舉辦園藝世界盆和國際花卉競賽。萬聖節的活動也不容錯過。可以品嘗世界各國葡萄酒和美食的各項豐富活動，正符合「食慾之秋」的意義。

燈飾繽紛閃爍的夜間漫遊也十分有趣

冬 WINTER 光影王國

10月下旬～4月中旬

有耶誕節以及跨年倒數等盛大活動舉行的冬季。入夜後，歐風街景由世界最大規模的燈飾環繞，比平時更加浪漫。另外還有跨年倒數的大型煙火秀，以及化妝舞會大嘉年華等多彩多姿的活動。

中世紀歐洲世界讓人心跳加速 遊覽必看景點

忠實地重現了中世紀歐洲世界的豪斯登堡。
在享受園內繽紛花園和熱鬧活動的同時，
也別忘了在古典高雅的街道上悠閒散步。

附設豪斯登堡美術館

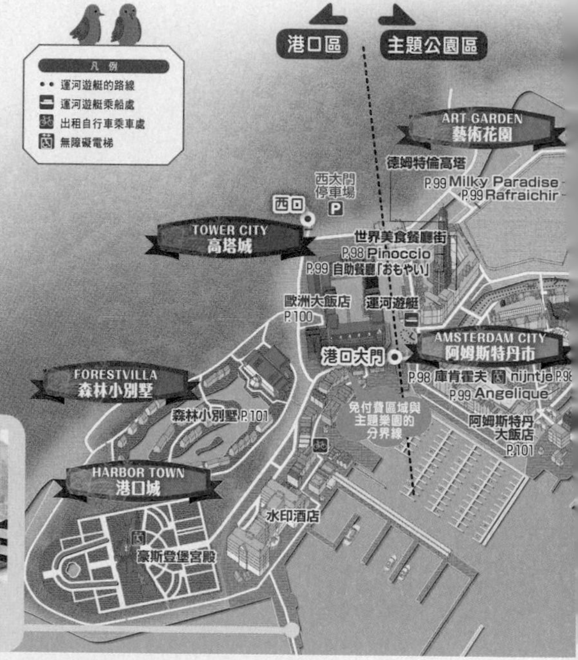

忠實重現荷蘭的宮殿

豪斯登堡宮殿

忠實呈現荷蘭宮殿的樣貌。本苑的巴洛克式庭園，是參考18世紀時就已經設計好，卻從未完成的「夢幻庭園」。幾何圖形的左右對稱外觀非常美麗。

¥600日圓(出示入園護照則400日圓)

健康與美的王國

2015年7月，以地產地消和天然飲食為主題的「健康餐廳」自助餐，和可以自助檢查以及詢問專家建議的「健康館」等追求健康和美麗的設施正式開幕。待在園內的同時，仍可以追求理想的自我狀況。

DATA

綜合服務導覽電話
☎0570-064-110
HP http://www.huistenbosch.co.jp
手機網站 HP http://www.huistenbosch.co.jp/mobile
9:00~21:00(最後入場)※有季節性變更 休 無休
P 5000輛／1日800日圓(住宿園內免費) 佐世保市ハウステンボス町1-1 MAP 別冊10C-4
JR豪斯登堡站即到

費用一覽

※2015年7月18日後

票種	成人(18歲以上)	國高中生	兒童(4歲~小學生)	內容
1日利用券	6400日圓	5400日圓	4000日圓	1日入場券+指定設施1日利用券 ※65歲以上為5900日圓
漫步券	3900日圓	2900日圓	1600日圓	1日入場+園區巴士1日乘車券
夜間遊園利用券	4800日圓	4000日圓	3100日圓	指定設施1日利用券+16:00後入場券 ※65歲以上為4300日圓

另有其他票種、除外日期，內容可能不經預告進行變更。

融入豪斯登堡街景當中的白色摩天輪

一覽歐洲街景
白色摩天輪

帶有「幸福」的含義，全面以白色設計的摩天輪。夜間會點上超過7萬顆LED燈泡，非常美麗。高度約48公尺，繞上一圈約11分。

¥700日圓（出示利用券600日圓）

距地面65公尺高的4樓有需付費的包租展望室

在高塔上登高望遠
德姆特倫高塔

可以眺望園內各個角落的地標高塔。高度達105公尺，豪斯登堡的街景以及大村灣都能一覽無遺。從位於80公尺高的5樓展望室，望出去的景色就像是模型一樣。

¥利用券可用

初夏的園內有1500種、111萬株的玫瑰競相綻放

花與綠的區域
藝術花園

將歐洲的庭園樣式融合現代風格的庭園，佔地廣大的園內蒐集了各式各樣的植物。不同的季節可以欣賞到不同的景觀。還設有花卉環繞的咖啡廳＆酒吧。

春天有鬱金香，秋天有萬壽菊等花朵綻放

田園的閑靜風光在眼前展開
花卉道路

穿過入境棟即到的花田。藉由被運河包圍的三連風車，以及呈線條狀排列的季節花卉，營造出荷蘭的田園風光。一整年都是拍照的好地點。

千變萬化的機關讓人心跳加速…暢遊娛樂設施、戶外休閒活動

世界最大的鬼屋以及魄力十足的影像劇場、
活動筋骨來玩樂的冒險公園等
一一登場的最新娛樂設施、戶外休閒活動值得一玩。

白天夜晚都好玩的鬼屋

顫慄城

膽小的人也玩得來、有些可怕也有些好笑的娛樂設施，和日本第一座採用平板電腦的鬼屋等，各式各樣的鬼屋齊聚。入夜後前往恐怖指數倍增!?

日落後每30分鐘就會點燈一次的燈光秀一定要看看

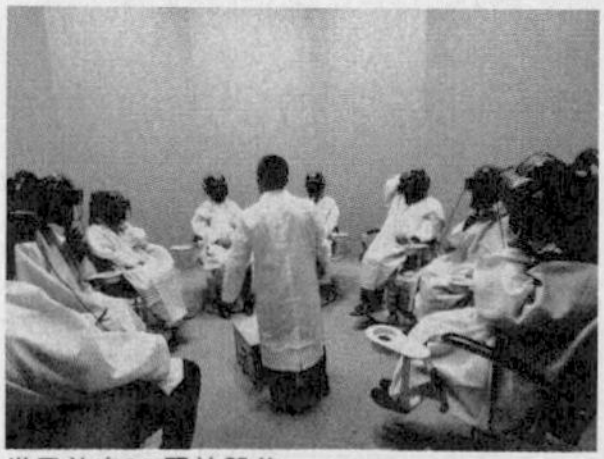

世界首座SR恐怖設施

充滿毛骨悚然氣氛的醫院

根據平板電腦螢幕上出現的影像擊退殭屍

夢見研究所

使用頭盔式顯示器的世界第一座SR（代替現實）恐怖設施。可以體會穿梭於虛幻與現實間的奇妙感受和恐怖。

¥利用券可用（12歲以下需成人輔導，孕婦禁止入館，學齡前兒童也不可入館）

監禁醫院

以醫院為場景的驚悚詭譎設定，如果在醫院裡被院長搭話，說不定你的身體器官也會被他奪走!?

¥利用券可用

數字鬼屋

日本第一座採用平板電腦，由參加者走完全程的娛樂設施。點觸平板電腦的螢幕，調查殭屍潛伏的研究機構。

¥利用券可用

園內交通方式簡介

在園內移動的方法除了步行之外，還能租借自行車，搭乘古典計程車和運河遊艇等。當中最適合短距離移動的自行車，可以在出境棟入口附近的FIETS（フィッツ）租借。費用3小時1500日圓起，還有造型奇特的4人共乘自行車喔。

全部是巧克力的奇特建築

巧克力伯爵館

以巧克力為主題的娛樂設施。館內全部是巧克力製品，包含館主巧克力伯爵的收藏品，以及巧克力製的多種物品和以巧克力為設計的禮服等，所見之處都是滿滿的巧克力。由魔法水龍頭流出的頂級巧克力飲料更是人氣超高。

¥利用券可用
※部分體驗需使用巧克力票(500日圓／5張)

不可置信的飄浮體驗

如果月球消失了…？

豪斯登堡IFX劇場Kirara

以「沒有月球的宇宙」為主題的影像劇場。劇情高潮時大螢幕、天花板、牆壁、地面都會變成鏡面，反射出無限寬廣的影像空間。

¥利用券可用

體驗日本規模最大的驚險刺激

冒險公園

由全長300公尺鋼索滑降的空中吊索「Shooting Star」、高9公尺的戶外冒險體驗設施「天空之城」、世界最大的立體迷宮「The Maze」都在這裡。建議穿著方便活動的衣服來挑戰。

¥利用券可用
※有使用限制

在繩索及原木上前進的「天空之城」

穿越運河上方的「Shooting Star」

世界首創的樹屋型迷宮「The Maze」

推薦的戶外活動

賽格威

藉由移動身體重心來操控的站立式電動雙輪車。這是在講師的指導下，遊覽園內50分鐘的行程，費用為4000日圓。採預約制，並有體重及年齡限制。

迎著海風享受獨木舟的樂趣

有迎著大村灣的海風邊划獨木舟的「港灣划艇」（60分行程2000日圓、90分行程3000日圓）、獨佔豪斯登堡開園前運河風情的「清晨划艇」（60分2000日圓），以及能沉浸在浪漫時光的「夜間划艇」（60分2000日圓）。

邊欣賞歐洲街景邊享受戶外運動樂

午餐、咖啡廳、購物
按照自己喜愛的方式盡情享樂

價格實惠又時尚有型的午餐、
陪你度過甜蜜時光的咖啡廳、甚至還有獨家的伴手禮，
以下整理出在遊逛時可以順道造訪的推薦店家。

LUNCH

豪斯登堡內的午餐，只要不是高級餐廳，價位大約都落在1000日圓到2000日圓之間。在此介紹其中以價格實惠又美味而深受好評的3家店。

好吃的祕訣在於有田燒的窯烤披薩
Pinoccio

MAP 94

用來烤披薩的窯，是從有田燒的登窯得到靈感後訂做而成。可以吃到用約400度高溫烤出的香酥披薩。義大利麵的種類也很豐富，能夠輕鬆地享用道地義大利菜。

小鳥菜單
招牌特製
洋芋培根披薩
…………1300日圓
義大利麵…1000日圓～

人氣第一的「洋芋培根披薩」

CAFE

豪斯登堡佔地廣大而且景點也多，這裡介紹遊逛途中能歇腳的咖啡廳，精選出菜單、地點等具有豪斯登堡特色的店家。

受到巧克力瀑布的誘惑
巧克力館

MAP 95

位於樓面正中央、高4.2公尺的巧克力瀑布十分吸睛。提供巧克力飲品，和巧克力披薩等原創餐點和簡餐、軟性飲料等約50種餐點。

小鳥菜單
巧克力鍋
……2、3人份2600日圓
巧克力披薩
…………1000日圓

上面放了冰淇淋的巧克力披薩

SHOPPING

既然要買，就要買豪斯登堡的原創商品。為了滿足你的願望，以下精選出值得推薦的商品和甜點。不知該買哪一樣而煩惱，也是購物的樂趣之一。

© Mercis bv

拿鬱金香的米飛兔、
拿玫瑰的米飛兔 各1990日圓
全世界最大的迪克·布魯納商店「nijntje」裡，備有許多只在豪斯登堡才買得到的原創米飛兔商品。
販賣店家:nijntje MAP 94

鬱金香的球根 1顆130日圓～
擁有羽毛狀花瓣，還有美麗粉紅色漸層的鬱金香「豪斯登堡」，球根於9月到11月左右販賣。
販賣店家:庫肯霍夫、Bloom win Kell MAP 94

 「小鳥菜單」是co-Trip推薦的菜單。

如果伴手禮買過頭了

伴手禮可以使用園內的宅配服務送到飯店很方便。如果只是到JR豪斯登堡站，也可以免費借手推車使用。

擺滿了多種餐點
自助餐廳「おもやい」 MAP 94

小鳥菜單
午間自助餐…1980日圓
晚間自助餐…2980日圓
※餐點內容有可能變更

以自助餐形式，盡情享用日式、西式、中式餐點，以及沙拉、甜點和飲料吧等選擇豐富的餐飲。

位於高塔城的世界美食餐廳2樓

美味的起士鍋
Cheese Waag MAP 95

小鳥菜單
招牌起士鍋…1人份2000日圓
起士漢堡排…1310日圓

在鍋子裡將白酒煮沸讓起士融化，再將切成一口大小的麵包、燙好的蔬菜等沾上起士品嘗的起士鍋是招牌菜。點餐需2人起。

和葡萄酒一起享用更顯美味

望著風車悠閒度過
花園咖啡廳 CAFFEST MAP 95

小鳥菜單
拿鐵 350日圓

位於花田裡的咖啡廳，提供精選咖啡、霜淇淋等飲品為主的餐點。在園內走累了，就來這裡小憩片刻吧。

開闊的露天座位最舒服了

牛奶霜淇淋＆優格霜淇淋
Milky Paradise MAP 94

小鳥菜單
草莓牛奶霜淇淋……500日圓

販賣以熊本縣阿蘇產的牛乳為原料的牛奶霜淇淋以及優格霜淇淋的店家。可以由海綿蛋糕、鬆餅、錐形杯、杯子等4種自選，還能挑選配料及糖漿。

位於阿姆斯特丹市的起司之城裡

My Princess Feel系列的面膜
3片裝1620日圓

高包覆效果，可以讓肌膚持久滋潤。面膜的華麗玫瑰香氣令人放鬆身心。
販賣地點：Angelique MAP 94

奶油起士＆
TAFEL醬汁套組1960日圓

在丹麥生產的奶油起士上，淋上專用高湯醬油，像吃涼拌豆腐般食用的豪斯登堡原創商品。口味濃郁但後味清爽。
販賣地點：Boerenkaas、起司之城等

原創起士蛋糕
「SCHOON BOOB」
直徑12公分1300日圓、直徑15公分1740日圓

豪斯登堡的新名產起士蛋糕。入口即化的口感以及恰到好處的酸味博得高人氣。常溫外帶也OK！
販賣地點：綜合商店、起司之城
MAP 94

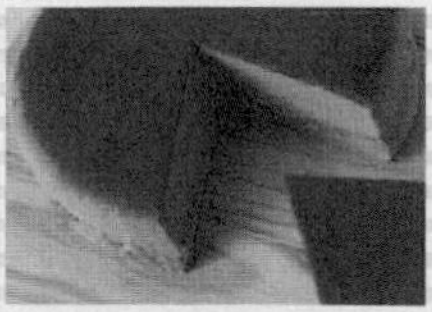

豪斯登堡每一季都會推出限定發售的餐點和伴手禮，記得確認一下喔。

獻給旅人的魅力度假勝地 奢華的飯店住宿

彷彿踏入中世紀宮殿般的造型、用心的服務、無微不至的設備等，
豪斯登堡的飯店，每一間都有著能夠營造出特別日子的頂級空間。
極致貼心的奢華時光，讓你能盡情沉浸在貴族氣息中。

豪斯登堡三大飯店

享受花與音樂、頂級餐飲 歐洲大飯店

ホテルヨーロッパ

豪斯登堡園內的旗艦飯店，擁有最高級的服務和設備。精心設計的室內裝潢、1樓客房獨有的私人露台，都能讓人感受到優雅的度假氣氛。

☎0570-064-300(綜合預約中心)
佐世保市ハウステンボス町7-7
IN15:00 OUT11:00 P有 JR豪斯登堡站步行5分可抵達飯店櫃檯(有開往飯店的接駁巴士) MAP94

客房價位

※雙床房
47520～11萬8800日圓
※雙人房
47520～11萬8800日圓

for LADIES

西式早餐餐廳提供氣泡酒作為晨酒飲用。可以免費租借健走鞋。

1面向運河的豪華飯店。可以搭乘航行於入境口和歐洲大飯店之間的運河遊艇前往
2客房的裝潢讓人聯想到19世紀的荷蘭宅邸
3幽靜時光緩緩流過的club lounge「Club Europe」

官方指定飯店

出了出境棟後就在眼前 豪斯登堡日航大飯店

ホテル日航ハウステンボス

緊鄰豪斯登堡的出境棟，再次入園時可以由專用入口進場。大廳的氣氛讓人宛如身處南法，飯店整體都洋溢著一股歐洲度假勝地的氣息。設有房客專用的氣泡浴大浴池。

☎0956-27-3000 佐世保市ハウステンボス町6 IN15:00 OUT11:00 P有 JR豪斯登堡站步行10分 MAP別冊10C-4

費用專案

※附早餐雙床房
9720～18792日圓
※附早餐三人房
8640～16308日圓

for LADIES

備有氣泡浴的大浴池，和卡拉OK、日式及西式的2間餐廳、酒吧等充實的設施。

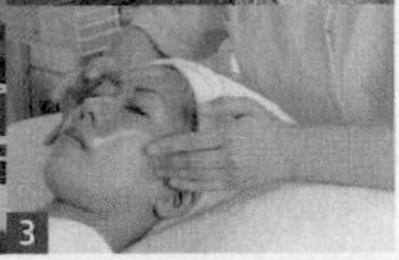

1有寬廣花壇與草地的中庭　2色調沉穩的標準型客房　3可以選擇臉部、身體、頭部施術的客房美容護膚，均為8900日圓起

豪斯登堡三大飯店

主題公園內唯一的飯店
阿姆斯特丹大飯店

ホテルアムステルダム

穿過花卉盛開的中庭進入大門，就是挑高8公尺的開闊玻璃頂中庭式大廳。客房寬敞，以粉彩綠為基底的色系搭配，讓空間看起來很明亮。Laura Ashley客房也很受到喜愛。

☎0570-064-300(綜合預約中心)
⌂佐世保市ハウステンボス町7-7
ⓛIN15:00 OUT11:00 Ⓟ有 🚉JR豪斯登堡站步行5分可抵達飯店櫃檯(有開往飯店的接駁巴士) MAP 94

客房價位

✽ 雙床房 41580～10萬9296日圓
※另需購買豪斯登堡入場券

for LADIES

有美麗的花園中庭。海景客房還可以眺望遊艇停泊的碼頭。

1設有早、中、晚都是自助餐形式的餐廳
2所有客房皆為超過45平方公尺的寬敞空間
3玻璃頂中庭大廳會舉辦鋼琴現場演奏的大廳音樂會

豪斯登堡三大飯店

森林和湖水包圍的小木屋
森林小別墅

フォレストヴィラ

很適合與家人或朋友一同入住的獨棟式小木屋。1樓有起居室，2樓則有2間雙床臥室。部分小木屋附有面湖的陽台，可以享受入住別墅的感覺。

☎0570-064-300(綜合預約中心)
⌂佐世保市ハウステンボス町7-7
ⓛIN15:00 OUT11:00 Ⓟ有 🚉JR豪斯登堡站步行5分可抵達飯店櫃檯(有開往飯店的接駁巴士) MAP 94

客房價位

✽ 小木屋1棟2人起
57024～11萬1672日圓

for LADIES

住宿費用為1棟2人使用的房間費用。每間可住5人，團體入住會比較划算。

1茂密森林的深處散落著小木屋，自然環抱的靜謐環境
2室內裝潢以大地色系統一，和周圍的自然環境互相輝映
3園內唯一可與愛犬住宿的飯店

官方指定飯店

有天然溫泉湧出的度假飯店
JR豪斯登堡大倉飯店

ホテルオークラJRハウステンボス

重現荷蘭阿姆斯特丹中央車站的厚實風味飯店，由園景客房可將豪斯登堡的街景盡收眼底。附設有5間餐廳＆酒吧、溫泉大浴池、護膚美容室。

☎0956-58-7111 ⌂佐世保市ハウステンボス町10 ⓛIN15:00 OUT11:00 Ⓟ有 🚉JR豪斯登堡站步行3分 MAP 別冊10C-4

客房價位

✽ 半雙人房 15594日圓～
✽ 雙床房 25248日圓～

for LADIES

富含鐵質和錳質的天然溫泉「琴乃湯」屬於流動式天然湧泉，也可以不住宿純泡湯

1建築模仿荷蘭的車站 2園景客房 3放置了巨岩的露天浴池。純泡湯1600日圓

※P.100～101所介紹的飯店，除了阿姆斯特丹大飯店外，若只想單純住宿則不需豪斯登堡的入場券，若要進入園區，則需另外支付住宿費用外的門票費用。

在西海地區自在地開車兜風

～在沿途景點豐富的西彼杵半島沿海盡情奔馳～

被海與山包圍的西海市，是最適合開車兜風的地區，
尤其是能看見漩渦的西海橋以及涼爽海風吹拂的大島周邊。
一面繞道參觀，享受一趟2天1夜的兜風之旅吧。

往西海

前往西海橋，要從西九州自動車道的佐世保大塔IC（交流道）經國道205、202號線行駛20分。由最近的JR豪斯登堡站車程約15分。可以在車站租車。

眺望大島大橋，藍色海洋好壯觀

開車兜風go!

ウッディライフ的店門口有可愛的擺飾迎接你

能度過悠閒時光的オーベルジュあかだま

「鯛宝楽」的店員。享用店家自豪的鯛魚燒

第1天

首先，前往西海市的象徵「西海橋」。
漩渦到底是什麼樣的呢？

1 11:30

紅色欄杆與美麗線條的拱橋

連接佐世保和西彼杵半島的**西海橋**，在搭建的時候被稱作東洋第一的拱橋。由橋上可看見以潮流湍急而聞名的伊之浦瀨戶，漲潮時可以觀賞到好幾個漩渦。橋的兩側有西海橋公園，到了春天就會有櫻花和杜鵑競相綻放。

從橋上看見的海好漂亮～!

啊！是漩渦

全長316公尺、高42公尺的橋。可看見對面的新西海橋

2 12:00 享用香甜好吃的鯛魚燒

西海橋西口的**魚魚市場·魚魚の宿**裡有滿是剛撈上岸新鮮海產的市場、和食以及迴轉壽司等餐廳，可以在每到週末就大排長龍的人氣鯛魚燒店「鯛宝楽」購買鯛魚燒，有白豆沙和芋頭餡170日圓，使用大納言紅豆的黑餡180日圓。

吃點心的時間到了

↑除了市場之外，還有餐廳、伴手禮店等等

↑有好多復古零食。不只上了年紀的客人，年輕女性也很喜歡

3 14:30 當點心剛剛好！ Piyo Piyo Ice

稍微歇息一下吧

位於西海休息站（道の駅さいかい）旁的**アイスクリームショップ木場**，獨創的「Piyo Piyo Ice（ぴよぴよアイス）」是在最中餅裡夾上香草冰淇淋以及柑橘雪酪，口味十分清爽。店內的咖啡廳空間還可享用有機咖啡及蘋果派。

位於店內的咖啡廳空間

↑店裡還陳列著飾品及雜貨等

1 西海橋

さいかいばし

風景勝地 ☎0956-58-2004（西海橋公園管理事務所）
佐世保市針尾東町 Ⓟ有
JR豪斯登堡站車程15分
MAP 別冊10C-4

2 魚魚市場·魚魚の宿

とといちば·ととのやど

物產館 ☎0959-28-0345
西海市西彼町小迎鄉96-2
9:00～17:00（餐廳為11:00～15:00）
休 無休 Ⓟ有 JR豪斯登堡站車程15分 MAP 別冊10C-4

3 アイスクリームショップ木場

アイスクリームショップもくば

冰淇淋 ☎0959-32-1899
西海市西海町木場鄉496-7
10:00～18:30 休 週三 Ⓟ有
JR豪斯登堡站車程30分
MAP 別冊10B-4

還有喔

接上頁

到飯店 check-in!

4 15:00 聽著清脆鳥鳴聲 品嘗用心製作的法國菜

位於寺島的大島大橋旁的オーベルジュあかだま，餐點是老闆親手烹調的法國菜。除了當地的海鮮和蔬菜之外，還大方使用龍蝦和菲力牛肉等食材。子屋客房共有3棟，都是被綠意包圍的靜謐空間，讓人能徹底放鬆。

❶餐點的口味清淡健康，盛裝在有田燒「新窯青花」製作的器皿裡　❷子屋客房分為平房與2層樓建築2種選擇　❸在2012年迎接開幕第10年的「オーベルジュあかだま」

第2天

5 9:30 把熟透的紅通通番茄採下來吧

成熟番茄的果汁營養豐富

※果汁的販售需詢問

大島造船所農產組所直營的**大島トマト農園**。每年2月初到5月黃金週的出貨時期，可挑戰採番茄體驗。大島番茄跟一般番茄相比，不只甜度高，維生素C的含量也很豐富。

6 11:30 溫暖身心的 樂活咖啡廳＆餐廳

森の舎楽是由老闆及員工抱持著「食物打造身與心」的想法而誕生的咖啡廳＆餐廳，餐點皆使用嚴選食材。推薦可一邊閱讀，一邊享用手工甜點及有機咖啡的「森の図書館cafe」。

手工香皂當作給自己的伴手禮

7 13:00 前往大排長龍的 人氣咖哩店

可享用14種手工咖哩以及燉菜、焗飯等餐點的**ウッディライフ**。咖哩用了超過10種的香料，花上3天到4天的時間反覆熬煮、冷卻，緊接在甜味之後的辛辣口味讓人食指大動。「漢堡肉排咖哩附半熟蛋」1180日圓。

來這裡午餐吧

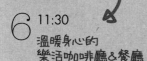

4 オーベルジュあかだま

民宿餐廳 ☎0959-34-2003
西海市大島町寺島1383-4
IN15:00 OUT10:00
¥1泊2食19500日圓～ P有
JR豪斯登堡站車程30分
MAP 別冊10A-4

5 大島トマト農園

おおしまトマトのうえん
觀光果園 ☎0959-34-5191（大島造船所農業組）
西海市大島町內浦 9:00～15:00（僅2月初～4月底的週六日、假日營業）
¥入園費300日圓（外帶1kg1300日圓）
P有 JR豪斯登堡站車程35分 MAP 別冊10A-4

6 森の舎楽

もりのしゃらく
餐廳 ☎0959-27-0253
西海市西彼町鳥加鄉1193-36
11:00～22:00（預約制）
休 週一～六、假日（週六和假日如有預約則營業） P有 JR豪斯登堡站車程35分 MAP 別冊9A-3

7 ウッディライフ

西餐 ☎0959-28-0920
西海市西彼町八木原鄉21-7
11:00～20:30 休 週二 P有
JR豪斯登堡站車程15分
MAP 別冊10B-4

佐世保

開車兜風的途中，將AM廣播電台
轉到1575kHz頻道，
就會聽見電台主持人美式英語的輕快嗓音。
美國海軍基地所在的佐世保，
美國文化就融入於日常生活當中。
一出海，就能看到藍色海洋上散佈著一座座的綠色小島，
那就是西海國立公園九十九島。
不妨乘著異國風情、來場海風吹拂的港都之旅吧。

大略地介紹一下佐世保

因為佐世保漢堡在日本全國掀起旋風而受到矚目的佐世保。
美國海軍基地所駐守的這座城市，飄散著明快活潑、帶有美國風情的氣息。
另外還以能眺望九十九島絕景的風光明媚勝地聞名。

佐世保的遊逛方式

市內移動可搭乘與JR佐世保站相連結的松浦鐵道，由市內北部出發，經過平戶口繞行北松浦半島後往佐賀縣有田方向。但如果是在市中心，則建議搭乘班次、路線較多的佐世保市營巴士和西肥巴士比較方便。

在佐世保站，做好旅行的萬全準備

☞先前往車站內的佐世保觀光情報中心

抵達JR佐世保站之後，首先前往位於站內的佐世保觀光情報中心。這裡提供前往觀光景點的交通導覽、免費的觀光小冊子等，以及販售SASEBO定期觀光巴士「海風」的票券。營業時間為上午9時到下午6時，無休。

☎0956-22-6630

☞早、午餐＆作戰會議

出發觀光之前，再次確認當天的計畫，順便吃早、午餐。除了車站內的和食簡餐店之外，緊鄰車站的複合設施「えきマチ1丁目佐世保」裡，設有咖啡店、義大利餐廳、炸豬排等餐飲店。咖啡店和炸豬排店早上7時半起營業。

☞行李寄放在投幣式置物櫃裡

為了能輕鬆的觀光， 不必要的行李最好放在JR佐世保站裡的投幣式置物櫃裡。 設於出剪票口後的左側。

☞是不是忘了什麼東西呢？

萬一丟了筆記用品、即可拍相機、電池、化妝品等時，可以到車站裡的全家便利商店購買。ATM在出車站東口後的右手邊。

區域內輕鬆移動

☞觀光計程車「タクシーで巡る佐世保観光」

想在短時間內高效率地遊逛的人，可以參加觀光計程車的「タクシーで巡る佐世保観光」方案，由擁有九十九島、三川內燒、佐世保歷史等各領域知識的佐世保觀光專家證照的計程車司機負責介紹。行程與費用需洽詢（設施入場費另計）。欲搭乘需預約。

☎0956-22-6630（佐世保觀光情報中心）

遊覽九十九島

九十九島珍珠海洋遊覽區

くじゅうくしまパールシーリゾート

P.108

可以乘船遊覽日本國內知名的風景勝地──西海國立公園的九十九島。

首先，要去哪裡呢？

飽覽海上絕景

展海峰

てんかいほう

P.109

可以眺望九十九島的觀景地點。春天的油菜花、秋天的波斯菊也很有名。

旅途的起點
JR佐世保站
させぼえき

走出剪票口往右手邊走就是東口，從這裡開始你的旅程。

人氣的
當地漢堡
佐世保漢堡
P.110
させぼバーガー

讓各地漢堡開始火紅的導火線。堅守傳統口味的佐世保漢堡店，分散在市內各地。

造訪陶瓷之鄉
三川內燒
P.120
みかわちやき

佐世保的傳統工藝。青花圖樣的唐子繪、細緻的簍空雕刻是這裡的代表性風格。

長住型度假村
豪斯登堡
P.91
ハウステンボス

一整年都有各式各樣的娛樂活動熱鬧舉行，是個能享受大自然的度假設施。建議可住在這裡慢慢地玩。

這裡就是佐世保的鬧區
四町商店街
よんかちょうアーケード

跟緊鄰的三町商店街加起來的話，直線距離約有1公里。

從JR佐世保站到豪斯登堡站可搭乘快速SEA SIDE LINER（快速シーサイドライナー），20分左右就能抵達。

在九十九島的海域遊樂
海上休閒的愉快假期

湛藍的海面上有著208座島嶼的九十九島。
在九十九島珍珠海洋遊覽區，可藉由水族館和
多采多姿的水上活動，盡享九十九島的海洋假期。

日本首艘電力推動船「九十九島海盜遊覽船 未來號」

✲珍珠皇后號&九十九島海盜遊覽船 未來號

佐世保近海的南九十九島，是九十九島裡最美麗的島嶼集中的區域。從船上瞭望這些美麗景觀的乘船遊覽，是佐世保觀光的一大亮點。由九十九島珍珠海洋遊覽區的碼頭，每天都有遊覽船「珍珠皇后號」5班、「九十九島海盜遊覽船 未來號」3班行駛。繞一圈約50分，部分季節會開加船班。 ¥1400日圓

以海洋女王為象徵的白色船隻

✲九十九島休閒觀光遊

使用12人座的小型遊覽船遊覽。比大型遊覽船還要貼近水面，而且沙發式的座位也很舒適。遊覽是附有導遊解說的環保型旅遊，一圈約50分，一日6班。

¥2050日圓

鬆軟的沙發可以放鬆休憩

九十九島珍珠海洋遊覽區

くじゅうくしまパールシーリゾート
☎0956-28-4187 ⌂佐世保市鹿子前町1008
Ⓟ有 📍パールシーリゾート·九十九島水族館巴士站即到
MAP 別冊9A-2

這些是其他值得推薦的乘船遊覽MENU

九十九島帆船航行

一日行駛5班
（每日行駛）

駕駛外洋型的帆船遨遊九十九島的海域。可以嘗試和船長一起掌舵、操帆的體驗，親身感受九十九島的魅力。

¥2050日圓

聽著風浪聲和野鳥聲，享受航海樂趣

海上獨木舟

限4～10月的週日、假日
（暑假期間每日開放）

可以在風平浪靜的碼頭區內體驗海上獨木舟。有指導員從基礎開始教起，初學者也能放心地享受划艇樂。

¥1人座520日圓、2人座1030日圓

調節左右平衡感一面前進

珍珠皇后號日落觀光遊

主要在黃金週和7月～10月的
週末營運，出航時刻需洽詢

營造浪漫氛圍的期間限定乘船遊覽。看著美麗的九十九島夕陽景緻，搭乘遊覽船「珍珠皇后號」，享受約1小時的船旅。

¥1400日圓

夕陽西沉時的九十九島

在長崎縣中景觀格外明媚的九十九島

九十九島是什麼樣的地方？

指的是散佈在佐世保到平戶之間海域上的208座小島。谷灣式海岸與海面上的大小島嶼，呈現出變化多端的美麗景觀。佐世保的南部區域和靠近平戶的北部區域風情各異，各有值得觀賞的地方。

登陸無人島和餵食體驗遊船

從九十九島珍珠海洋遊覽區搭乘渡船約10分登陸無人島。觀察島上生物後，轉往島嶼旁的養殖棚架，體驗真鯛餵食。這是期間限定的活動，需洽詢。

✽九十九島水族館「海閃閃」

重現九十九島海域的地域緊密結合型水族館。除了日本國內罕見的陽光直射室外型大水槽之外，還有表演在日本別處看不到的大絕招「海豚飛躍接球」的海豚，以及藉由療癒影像、音樂、光線呈現出奇幻體驗的「水母交響樂廳」等，值得一看的東西實在太多了。

🕒9:00～17:30(11～2月至16:30) 休 無休 ¥ 1440日圓

一定要看看日本首度出現的大絕招「海豚飛躍接球」

為讓遊客能在接近自然的狀態下觀察，上方不加設屋頂，讓自然光照入的九十九島灣大水槽

九十九島的私房VIEW SPOTS

將西海國立公園的九十九島盡收眼底

石岳瞭望台

いしだけてんぼうだい

位於海拔約190公尺石岳山頂的2座瞭望台。由停車場走觀光步道遇到的第一個瞭望台可以眺望九十九島，上方的瞭望台則連佐世保港都能一覽無遺。

☎0956-22-6630
(佐世保觀光情報中心)
⌂佐世保市船越町2277 P有
📍動植物園前巴士站步行15分
MAP 別冊9A-2

電影『末代武士』的開頭場景，就是日本的代表性風景、由石岳展望台看出去的九十九島風光

能眺望九十九島南部的絕景地點

展海峰

てんかいほう

以九十九島南部海域景色最美的觀景點而聞名。映入眼簾的不只是九十九島的美麗景色，春天還有油菜花，秋天則有波斯菊盛開，也是最適合開車兜風的景點。

☎0956-22-6630
(佐世保觀光情報中心)
⌂佐世保市下船越町399 P有
📍展海峰入口巴士站步行6分
MAP 別冊10B-3

油菜花盛開、像是鋪上一層黃色地毯般的春季展海峰

九十九島珍珠海洋遊覽區在暑假期間，會推出各項好玩的乘船遊覽行程。

美式口味＆份量讓人大吃一驚 吃遍佐世保漢堡大享口福

美國海軍基地所在的佐世保，
第一家漢堡店開幕是1950（昭和25）年左右的事。
就來嘗嘗看現在已經是聞名全日本的美式漢堡吧

稍帶甜味的荷包蛋、培根、加工起士、新鮮清脆的蔬菜絕妙地融合在一起

1 特製巨無霸雞肉漢堡
ジャンボチキンスペシャルバーガー
580日圓

賣點在於用櫻花樹原木慢慢燻製而成的自製培根，還有用10幾種香料引出肉質鮮味的漢堡肉排

2 三色漢堡
トリプルバーガー
700日圓

麵包會依氣溫、濕度調整，每天的製作方式都不同

3 Misa怪獸漢堡
ミサモンスター
680日圓

佐世保的代表性老字號漢堡店

1 ハンバーガーショップ ヒカリ 本店

‖佐世保市中心‖ハンバーガーショップ ヒカリ ほんてん

位於國際通上的佐世保老字號漢堡店。中午時分吧檯座位全坐滿了人，店門前還有人在排隊。烤到焦香卻又富含肉汁的漢堡肉，和麵包非常對味。

☎0956-25-6685
⌂佐世保市矢岳町1-1
◷10:00～20:00（賣完即打烊）
休 第1、3週三
P 有 📍元町巴士站步行3分 MAP 別冊10A-2

掛有巨大漢堡的招牌

創業於昭和45（1970）年培根蛋漢堡的創始店

2 Big Man 京町本店

‖佐世保市中心‖ビッグ マン きょうまちほんてん

研發出如今已蔚為主流的培根蛋漢堡的店。使用自製的培根與漢堡肉排、含有豐富維生素及礦物質的太陽蛋、重視香醇口味的獨家美乃滋等嚴選材料。

☎0956-24-6382
⌂佐世保市上京町7-10 ◷11:00～22:00（週六日、假日為10:00起）休 不定休 P 無
🚉 JR佐世保站步行10分
MAP 別冊10B-2

位於從JR佐世保站步行可到的地方

焦香的麵包與香料畫龍點睛的漢堡肉排

3 ミサ ロッソ

‖佐世保市北部‖

位於佐世保市役所附近的漢堡店。每天烤出近200個圓麵包的香氣逼人，表皮酥脆，裡面卻是鬆軟無比。添加了數種香料的漢堡肉則是滋味豐富。

☎0956-24-6737
⌂佐世保市万徳町2-15 ◷10:00～20:00
休 週一（逢假日則營業）P 有 📍佐世保市役所前巴士站即到
MAP 別冊10A-1

可以在店內享用

佐世保市內約有超過20家佐世保漢堡店。麵包、漢堡肉排、醬汁、美乃滋等，每家店都有其獨特的地方，不妨多嘗嘗比較看看吧。

「佐世保的BOKO將」 「佐世保漢堡男孩」

©やなせたかし・SASEBO

用手掌將圓麵包壓成容易入口的厚度，再大口咬下

4 **特製漢堡**
スペシャルバーガー
880日圓

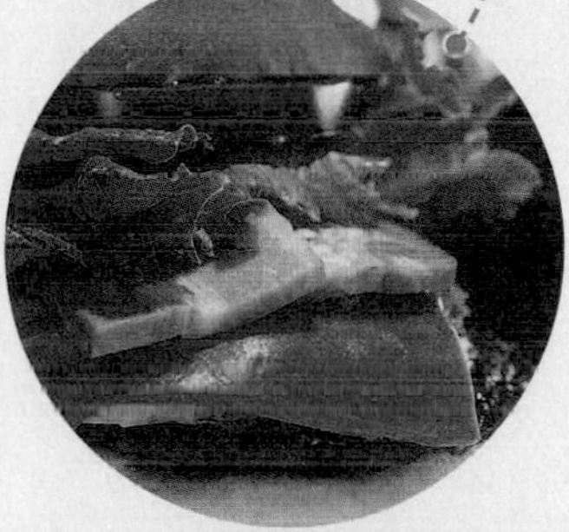

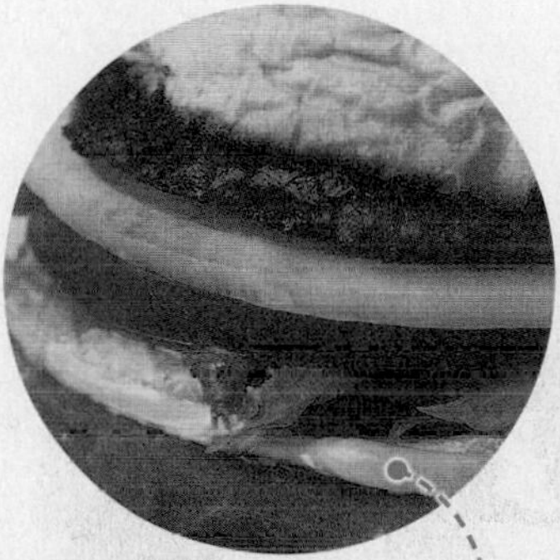

5 **漢堡**
ハンバーガー
400日圓

為了讓拿起漢堡時，漢堡的表面能朝上，故意以倒栽蔥方式上菜是ブルースカイ的獨特風格

重現了美國海軍基地風味的佐世保漢堡

4 ログキット

‖佐世保市中心‖

曾經往返美軍基地的老闆所研發出的漢堡，不論是份量或口味都不輸道地的味道。副餐菜單上的薯條飲料套餐，薯條的口味可從6種口味當中挑選。

☎0956-24-5034
佐世保市矢岳町1-1 10:00～21:00（週日至20:00，售完即打烊）休第2、4週二
P無 元町巴士站步行3分
MAP別冊10A-2

位於Nimitz Park附近的國際通上

由昭和20年代傳承至今佐世保漢堡的老店

5 ブルースカイ

‖佐世保市中心‖

創業於1953（昭和28）年，是佐世保第一家漢堡店。使用了番茄醬和美乃滋的簡單調味，有嚼勁的麵包和厚切蔬菜，都讓肉的鮮美更加顯著。

☎0956-22-9031
佐世保市栄町4-3 20:00左右～翌2:00左右 休週日（逢假日則翌日休）P無
松浦鐵道佐世保中央站步行3分
MAP別冊10B-2

有著悠久歷史風情的店內

要不要去外國人酒吧看看？

從以前就與美國有深厚關係的佐世保，有許多外國人酒吧。播放著爵士樂或是美國流行樂曲，能享受活潑奔放氣息的酒吧，是度過佐世保美好夜生活的絕佳地點。

グラモフォン

‖佐世保市中心‖

能享受異國氣氛的外國人酒吧

不分國籍，各國人聚集的外國人酒吧。店裡滿是帽子或是相片等由停靠佐世保的船員所留下來的禮物。餐點菜單有披薩、炸雞、炸薯條等6種，也可以攜帶飲食入店喔。

☎0956-25-2860 佐世保市栄町3-14
18:00～翌2:00 休不定休 P無
松浦町中央公園口巴士站步行3分
MAP別冊10B-2

↑刻畫著與船員間回憶的店內空間。靠港時會有許多的外國人造訪

→鋪滿起士的披薩850日圓

滿滿的佐世保名產
必點 5 道名菜大盤點

能更加炒熱旅遊興致的，絕對是當地的名產佳餚。
肉質緊實的九十九島牡蠣、佐世保發源的檸檬牛排、
海軍先生的紅酒燉牛肉等極具魅力的餐點齊聚一堂。

九十九島牡蠣

九十九島對於牡蠣來說，是擁有洋流和豐富養分的絕佳孕育地。在這裡生長的九十九島牡蠣，肉質緊實、有獨特的甘甜。九十九島珍珠海洋遊覽區（P.108）在11月和2月的週六、日及假日，都會舉行大啖烤九十九島牡蠣的「九十九島牡蠣大食祭（九十九島かき食うカキ祭り）」。

※舉辦期間、場地、費用有調整的可能

☎0956-28-4187
（九十九島珍珠海洋遊覽區）

看起來好好吃！
在九十九島珍珠海洋遊覽區舉辦的「九十九島牡蠣大食祭」的模樣

「九十九島牡蠣大食祭」的帶殼牡蠣約15顆700日圓（有調整的可能）

海軍先生的紅酒燉牛肉

海軍先生的紅酒燉牛肉（海軍さんのビーフシチュー）是從舊海軍時代的食譜「海軍割烹術參考書」，由各店自行改編而來的菜餚。將牛腱慢火熬煮3小時的「レストラン チャペル」的紅酒燉牛肉，有著大塊的牛肉和蔬菜，相當值回票價。

位於Sasebo Daiichi Hotel（P. 118）2樓的餐廳

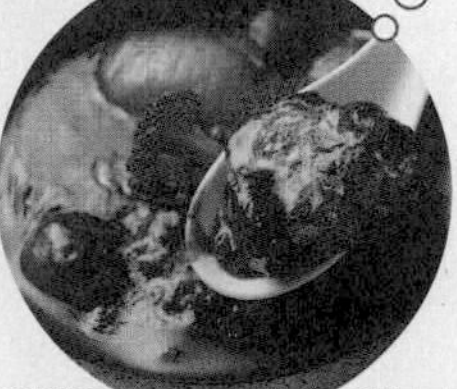

海軍先生的紅酒燉牛肉650日圓。午餐和晚餐的菜單上都有

レストラン チャペル

‖佐世保市中心‖

☎0956-22-7486（佐世保第一ホテル）
佐世保市三浦町4-41 Sasebo Daiichi Hotel 2F 6:45～9:45、11:30～13:30、17:00～21:00
休 週日中午 P 無 JR佐世保站即到
MAP 別冊10C-1

入港紅豆湯

當砂糖還是珍貴物資的舊海軍時代，為了慰勞結束漫長出海任務的船員，並祈求他們能平安回到佐世保港，而會在前一天晚上準備「入港紅豆湯（入港ぜんざい）」，現在已成為佐世保的人氣美食之一。「ムギハン +plus」店裡，以加了鯛魚燒的進化版紅豆湯聞名。

中午吃烏龍麵或蕎麥麵，晚上去葡萄酒居酒屋！

ムギハン +plus

‖佐世保市中心‖ムギハン プラス

☎0956-22-0711
佐世保市島瀬町9-15
11:30～15:00、17:30～22:00
休 週一（逢假日則翌日）P 無
島瀬町巴士站即到
MAP 別冊10B-1

加了鯛魚燒的紅豆湯，附茶和醬菜500日圓。使用北海道產的紅豆，甜度為微甜

介紹海上自衛隊的歷史

海上自衛隊佐世保史料館用看板及模型展示，以簡單易懂的方式介紹由舊海軍演變為海上自衛隊的歷史過程。從頂樓的展望大廳可以一望佐世保港。

檸檬牛排

在美式厚切牛排還是主流的40年前左右，佐世保的某間餐廳為了迎合日本人的口味，設計出檸檬牛排（レモンステーキ）。「西洋食堂 囲真心」會在檸檬牛排的牛里肌肉上，淋上加了檸檬和大蒜的原創醬汁。

用燒燙燙的鐵板端出的檸檬牛排，口味濃厚當起來卻清爽不油膩

佐於佐世保川旁，有家庭式氣氛的「西洋食堂 囲真心」

西洋食堂 囲真心

‖佐世保市中心‖せいようしょくどう いまじん

☎0956-25-2569 佐世保市湊町3-10
11:30～14:00、17:30～21:00 休週二 P有
島瀬町巴士站步行5分 MAP別冊10B-2

巨無霸奶油泡芙

佐世保的代表性家庭式餐廳「蜂の家」的奶油泡芙，以大份量而聞名，如今已逐漸成為佐世保的名產。直徑超過10公分的泡芙裡，包的是糖煮蘋果和香蕉。搭配飲料的套餐為650日圓。

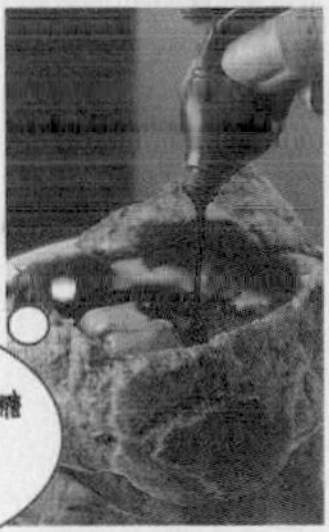

泡芙要淋上用砂糖和煉乳製成的微苦醬汁吃

蜂の家

‖佐世保市中心‖はちのや

☎0956-24-4522
佐世保市栄町5-9
サンクル2番館1F
11:00～21:30 休無休 P無
松浦町中央公園口巴士站即到
MAP別冊10B-2

位於佐世保市內中心區的四町商店街附近

SASEBO MIYAGE

可愛的包裝最適合當成伴手禮

海上自衛隊佐世保史料館売店

‖佐世保市中心‖かいじょうじえいたいさせぼしりょうかんばいてん

擺滿史料館商店的原創伴手禮，博得了觀光客的喜愛。擁有復古包裝的「海軍先生系列」，有重現明治時代軍隊伙食口味的咖哩調理包和咖啡等，種類豐富。

☎0956-24-6852
佐世保市上町8-1
9:30～17:00 休第3週四、12月28日～1月4日
P有
元町巴士站即到
MAP別冊10A-2

種類豐富，讓挑選伴手禮成為一大樂事

佐世保站內，有販賣一日限量10份（黃金週和暑假等期間為20份）的檸檬牛排便當（1188日圓）。

尋找我的茶碗之旅
～追尋喜愛的器皿前往波佐見燒之里～

樣式簡單且能融入日常生活，就算每天使用也不嫌膩，
要不要來趟尋找心目中理想器皿的旅行呢？幾乎位於長崎縣中央的波佐見町，
自古以來就是以生產平價又好用的生活容器而著稱的陶瓷之鄉。

ACCESS
往波佐見町的中心地帶，須由西九州自動車道的波佐見有田IC（交流道），走縣道4號道路5分鐘。由最近的車站JR有田站則需開車10分。可以在車站租車。

利用以前曾是陶窯工坊建築改造的文化の陶 四季舍（P.116）

質樸而設計時尚的碗盤
非常好用
碗盤來自ギャラリー西窯（P.115）

觀察展示方式
來當家居佈置的
靈感吧！

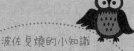

排滿白瓷作品的ギャラリー
とっとっと（一眞窯）（P.115）

波佐見燒的小知識

擁有400年歷史的波佐見燒，代表作品是「くらわんか碗」。江戶時代，在京～大坂間的枚方宿水上，商船叫賣著「酒くらわんか飯くらわんか（要酒嗎要吃飯嗎）」時，使用的就是在白瓷畫上素雅青花的波佐見燒碗盤。自此以後，以往被視為高級品的瓷器普及至平民生活中，到現在已是備受大家熟悉而日常使用的陶瓷器。

希望能遇上讓你有「幸福生活」預感的美妙碗盤

10:00

1 對它的一番功夫甘拜下風！各式各樣的創意餐具

展示、販賣西海陶器的特色原創品牌「essence」的**ギャラリー西窯**。以波佐見燒為主，也販賣有田等地的肥前燒、餐桌小物及手巾等和風雜貨，以及南部鐵器等。

「essence」的torso系列商品。柔和線條造型的茶壺4101日圓，馬克杯1944日圓

1樓是販賣商品的藝廊，2樓是以贈禮商品為主的展示空間

設計新潮的餐桌器具，也讓人想嘗試各種色彩搭配

1 ギャラリー西窯

ギャラリーせいよう

陶瓷器 ☎0956-85-7841 ⌂波佐見町折敷瀬郷2124 ⓛ10:00～17:00
休無休 P有 🚗JR有田站車程10分
MAP別冊12B-3

2 ぎゃらりー とっとっと(一真窯)

ぎゃらりー とっとっと(いっしんがま)

器皿藝廊 ☎0956-85-5305
⌂波佐見町中尾郷634
ⓛ10:00～17:00左右（在對面的工坊「一真窯」受理，需預約）P有 🚗JR有田站車程15分 MAP別冊12C-3

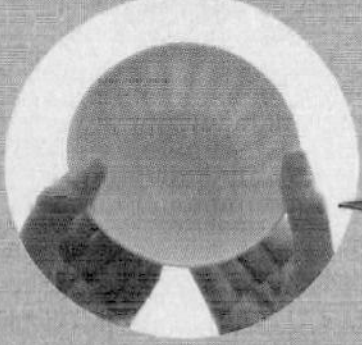

好～厲害
可以透光耶！

店名是長崎方言裡「幫你留下來了喔」的意思

11:00

2 素雅的白瓷碗盤裡隱藏著手工雕刻的技藝!!

位於波佐見燒的發源地——中尾山坡道上的**ぎゃらりー とっとっと(一真窯)**。以削磨白瓷表面，使用kanna雕刻（カンナ彫り）技法做成，簡單而有個性的白瓷手雕系列作品，是一上架就馬上賣光的人氣商品。

不只是形狀，連手工雕刻出的表面起伏也散發出深厚韻味。飯碗、杯子都是1500日圓起，小盤子800日圓起

還有喔

陶器的原料是黏土性質的土，瓷器用的則是將陶石打碎後的粉。一般以高溫燒製的瓷器比較堅固，而波佐見燒是以瓷器為主。

my co-Trip

12:30

3 在能飽覽陶瓷之鄉的陶窯工坊遺跡內享用慢食午餐

位於有許多窯廠聚集的中尾山上的咖啡廳，**文化の陶　四季舍**。餐點有使用波佐見產紫米的咖哩飯、當地主婦們製作的鄉土菜組成套餐的波佐見燒御膳等。建築本身曾是窯廠的工坊，留有一座單窯在店內當成裝飾。

接上頁

手工披薩體驗

這裡同時也是GREEN CRAFT TOURISM的據點，會舉辦使用陶藝用窯的烤披薩體驗（接受2張以上的預約，1張1500日圓）。須在一日前預約。

使用當地產紫米的咖哩飯600日圓。波佐見燒御膳採2天前的預約制1000日圓

老闆表示「不只用餐，更希望這裡是欣賞、挑選陶瓷的休憩所和交流場所」

這個餐具要放上什麼樣的餐點

光是想像就讓人興奮不已…。

商品依工坊和種類的分類方式展示，非常便於購物

13:30

4 在碗盤上畫下陶瓷之鄉波佐見的旅程回憶

陶瓷公園一隅的**くらわん館**設於陶藝之館「觀光交流中心」1樓，展示了町內35間窯廠的陶瓷製品物產館。設施內還可以體驗手繪青花、手捏陶、拉坏機和手工吊飾製作。均為預約制。

陶藝體驗會由專業的師傅指導

陶藝體驗

くらわん館的手繪青花體驗為茶杯等500日圓起，手捏陶2500日圓、拉坏機3800日圓。欲寄送作品需另付宅配費用。（限日本國內）

拉坏體驗的作品2個月左右可收到，手繪則是2週左右

順道一遊景點

啟發樂於自我表現的契機場所

位於「HANAわくすい」旁屋齡80歲的建築，是以「表現的喜悅」為主題，嚴選了畫具與文具、手工製作料理包等商品的店家，同時也是以介紹藝術為重心的多目的空間。附設圖書空間，只要在佔地內都可以自在閱讀。

monné porte

モンネ ポルト

藝廊 ☎0956-76-7163

波佐見町井石鄉2187-4

11:00～18:00

休 週三 P 有

JR有田站車程15分

MAP 別冊12B-3

會在舊拉坏場舉行各式各樣的活動。活動情報可見網站（http://monne-porte.com/）

有好多可以用來表現自我的東西！

15:30

5 照射在木框窗邊的陽光 午後的悠閒咖啡廳時光

老建築裡擺上不成套的沙發和椅子的monné legui mooks，陽光從窗邊灑下，不知不覺間心情也和緩了下來。供應蔬菜和荷包蛋的肉末飯、四川風雲白肉、酸豆醬烤雞等日西中式的混搭原創餐點，選擇豐富。

緊鄰monné porte的咖啡廳

濃郁的起士蛋糕（540日圓）是超人氣的甜點。拿鐵咖啡610日圓，午間套餐1058日圓～

16:30

6 折返的路上再逛一家！找找低於市價的器皿

波佐見有田IC附近的**陶器の窯蔵**，販賣的東西以業務用餐具為主，但一般客戶也可購買。由於是中盤商，以波佐見町為主收集的5000餘件商品，價格最多打到六折。

從青花到像是咖啡廳會用的簡樸白瓷 商品種類豐富

位於波佐見有田IC車程5分的地方

原創的筷架當做伴手禮非常good！

3 文化の陶 四季舍

ぶんかのとうしきしゃ

咖啡廳 ☎0956-27-6051 波佐見町中尾郷660 10:00～17:00 休週四 P有 JR有田站車程15分 MAP別冊12C-3

4 くらわん館

くらわんかん

物產館 ☎0956-26-7162 波佐見町井石郷2255-2 9:00～17:00 休無休 P有 JR有田站車程15分 MAP別冊12B-3

5 monné legui mooks

モンネ ルギ ムック

咖啡廳 ☎0956-85-8033 波佐見町井石郷2187-4 12:00～17:30（週末至21:00）休週二、三 P有 JR有田站車程15分 MAP別冊12B-3

6 陶器の窯蔵

とうきのかまくら

陶瓷器 ☎0956-85-8705 波佐見町折敷瀬郷2204-4 9:30～18:00 休無休 P有 JR有田站車程15分 MAP別冊12B-3

順道一遊景點

尋找搭配餐具的木製餐盤

吉村木藝的雜貨店**あんくるうっど**，是離大馬路有點遠的小木屋。店裡陳列了玩具、時鐘、兒童用椅等手工做的木製品。茶托、餐盤等和餐具相關的商品也很充實。

重視木材質感、給人溫暖感受的商品很多

店內一隅是布製雜貨區。面紙套540日圓起。髮夾650日圓

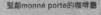

木の工房 あんくるうっど

きのこうぼう あんくるうっど

木製品 ☎0956-85-3172 波佐見町宿郷528-7 10:00～18:00 休週日、假日不定休 P有 JR有田站車程10分 MAP別冊12C-3

買了新的瓷器以後，記得用溫度較高的熱水充分沖洗，並且用柔軟的海綿擦洗過。小心不要傷到釉彩或上了金箔的部分！

慢慢療癒你旅程中的疲憊
佐世保周邊的飯店

旅行時的飯店選擇是很重要的。
方便性和費用，以及客房大小和露天浴池等，
以8個講究基準為參考，精心挑選一番吧。

佐世保站周邊

H 佐世保燦路都大飯店
ホテルサンルート佐世保

HP C 煙 ✿

☎0956-26-0505 ¥S5480日圓～、T12000日圓～、W8800日圓～ 室S95、T7、W4 ⏱IN16:00 OUT10:00 Ⓟ有 🚉松浦鐵道中佐世保站步行3分 MAP 別冊10B-1

位於步行即到佐世保鬧區的絕佳地點。單人房裡放的是半雙人床，並設有溫水洗淨式免治馬桶座。所有客房都能連上網路。

佐世保站周邊

H 佐世保華盛頓酒店
佐世保ワシントンホテル

HP C 煙 ✿

☎0956-32-8011 ¥S6200～8100日圓、T11000～15444日圓、W10200～14256日圓 室S167、T16、W7 ⏱IN14:00 OUT10:00 Ⓟ有 🚉JR佐世保站即到 MAP 別冊10C-1

就在佐世保站和巴士總站旁邊，交通非常方便。備有可洗式拖鞋，帶給人整潔感受，女性用的備品也很充實。自助式早餐裡還能吃到當地的特產。

佐世保站周邊

H Sasebo Daiichi Hotel
佐世保第一ホテル

HP C 煙

☎0956-22-7486 ¥S4800～5500日圓、T9400～10500日圓、W9400～10500日圓 室S59、T13、W5 ⏱IN15:00 OUT10:00 Ⓟ有 🚉JR佐世保站即到 MAP 別冊10C-1

館內有大小的宴會廳和會議室，能因應各種用途。設有活魚水槽的餐廳裡，可以吃到多種的鮮魚佳餚。單人房裡放的也是半雙人床。

佐世保站周邊

H 佐世保ターミナルホテル
させぼターミナルホテル

HP C 新 煙

☎0956-22-3300 ¥S5700～6200日圓、T10000日圓 室S18、T2、和室14 ⏱IN15:00 OUT10:00 Ⓟ有 🚉JR佐世保站即到 MAP 別冊10C-1 **POINT** 位於佐世保站前，交通便利，適合觀光和商務用途。所有客房配備高速網路。2樓設有免費使用的共同浴池。

佐世保市中心

H Central Hotel Sasebo
セントラルホテル佐世保

HP C 煙 ✿

☎0956-25-0001 ¥S5500日圓～、T8800日圓～、W8800日圓～、和室7600日圓、和洋室16800日圓～ 室S118、T26、W6、和室6、和洋室4 ⏱IN15:00 OUT11:00 Ⓟ有 🚗JR佐世保站車程3分 MAP 別冊10B-1

位於佐世保市的中心區，往長崎機場和豪斯登堡的巴士站就在飯店前。房客可以搭乘開往JR豪斯登堡站前的免費接送巴士，或是以200日圓使用姐妹館HOTEL LORELEI的溫泉。

佐世保站周邊

H HOTEL RESOL SASEBO
ホテルリソル佐世保

HP C 煙

☎0956-24-9269 ¥S5600日圓、T11200日圓～ 室S90、T39、W23 ⏱IN15:00 OUT10:00 Ⓟ有 🚉JR佐世保站即到 MAP 別冊10C-1

就位於JR佐世保站旁，1樓是高速巴士總站。館內有能夠吃到檸檬牛排等佐世保著名美食的法國餐廳和日本料理餐廳。所有客房免費上網。

佐世保站周邊

H 佐世保グリーンホテル
させぼグリーンホテル

HP C 煙

☎0956-25-6261 ¥S4973日圓～、T9946日圓～(含服務費、稅另計) 室S59、T15 ⏱IN16:00 OUT10:00 Ⓟ有 🚉JR佐世保站即到 MAP 別冊10C-1 **POINT** 位於佐世保站前，前往豪斯登堡車程15分，商務、觀光都方便。1樓的餐廳可享用到近海的海鮮。

※資料中的費用是房間費用。S＝單人房、T＝雙床房、W＝雙人房，S為1人、T、W為2人住宿的1晚房間費用

HP 有官方網站　C 可使用信用卡　新 2010年後開業或重新裝潢　煙 有禁煙房
有露天浴池　寬 單人房為20㎡以上　一般退房時間為11時以後　提供女性專屬服務
旅 旅館　H 飯店　民 民宿　公 公共旅店　P 歐式民宿

佐世保市中心

H 富士国際ホテル
ふじこくさいホテル

HP C 煙

☎0956-24-5931 ¥ S6540日圓·6840日圓、T13200日圓·15000日圓、W15000日圓 室 S97、T9、W24 IN14:00 OUT10:00 P 有
松浦国際通り巴士站步行3分
MAP 別冊10B-2

位於佐世保三町商店街附近。客房配置簡潔，重視方便性與機能性。設有日式西式宴會場、餐廳、頂樓啤酒花園等，是具有多種功能的飯店。

弓張岳

H 弓張丘飯店
弓張の丘ホテル

HP C 煙

☎0956-26-0800
¥ T21384日圓～、W20196日圓～
室T84、W18 IN15:00 OUT11:00 P 有
弓張の丘ホテル前巴士站即到
MAP 別冊9A-2

位於弓張岳山頂，南歐風格的建築設計十分搶眼的飯店。所有客房都是海景房，佐世保灣和九十九島都能一覽無遺。館內設有溫泉、餐廳、酒吧等設施。

佐世保市北部

H Banshoro Hotel & Spa
ホテル万松楼

HP C

☎0956-23-6171
¥ 附2食10650～16950日圓
室和室59、洋室5、和洋室3
IN15:00 OUT11:00 P 有
谷郷町巴士站步行5分
MAP 別冊10A-1

由第一任日本首相伊藤博文所命名，創業於1893（明治26）年的歷史悠久旅館。除了展望露天溫泉浴池外，還有包租浴池、美容沙龍、按摩服務、日式茶屋等充實的館內設備。

世知原

公 天空の宿 山暖簾
てんくうのやど やまのれん

HP C 煙

☎0956-76-2900
¥ 附2食10260日圓～
室和室8、洋室11 IN15:00 OUT10:00
P 有
世知原溫泉巴士站即到
MAP 別冊9A-2

位於國見山的山麓，設計時尚的飯店。這裡的溫泉在浸泡後，體溫較不會快速下降且溫和肌膚，深獲好評。晚餐的主菜是平戶牛或海鮮，菜色隨著季節更換。

豪斯登堡周邊

H HOTEL LORELEI
ホテルローレライ

HP C 煙 寬

☎0956-59-3939
¥ 附2食10800～21600日圓
室T60、W6 IN15:00 OUT11:00
P 有 JR豪斯登堡站即到
MAP 別冊10C-3

位於JR豪斯登堡站前的飯店。除了備有大浴池及露天浴池等溫泉設施之外，還有2種形態的餐廳。館內所有設施都是無障礙空間。

西海橋周邊

H SAIKAIBASHI CORAZÓN HOTEL
西海橋コラソンホテル

HP C 煙

☎0956-58-7001
¥ 附2食14000～31000日圓
室S4、T45、W3、和洋室17、其他22
IN15:00 OUT11:00 P 有
JR豪斯登堡站車程15分
MAP 別冊10C-4

地中海風格的度假型飯店，可以體驗到跳脫日常空間蘊釀出的獨特悠閒感。有看得到海的露天浴池、三溫暖、女性專用的大理石浴池。晚餐為創意宴席料理。

九十九島

H KUJUKUSHIMA BAYSIDE HOTEL & RESORT FLAGS
九十九島ベイサイド ホテル&リゾート フラッグス

HP C 新

☎0956-28-2111
¥ 附2食10000～20000日圓（含稅服務費）
室和室43、洋室17、和洋室12
IN15:00 OUT10:00 P 有
JR佐世保站搭乘接駁巴士10分
MAP 別冊9A-2

位於西海珍珠海洋遊覽區前的度假型飯店，客房有和室、和洋室、雙床房等3種類型。除了各種餐飲設施之外，還有大浴池等。

九十九島

旅 潮幸の宿 はなー
しおさいのやど はないち

HP C

☎0956-28-5533 ¥ 附2食10584日圓～ 室和室3、和洋室5 IN15:00 OUT10:00 P 有 石岳動植物園前巴士站步行8分 MAP 別冊10B-3
POINT 旅館位於能眺望九十九島的高地上。可以由8棟別館，看見隨著太陽移動而展現出微妙變化的島嶼風景。

九十九島

旅 九十九島溫泉花みずきSASPA
くじゅうくしまおんせんはなみずきサスパ

HP C

☎0956-28-5151 ¥ 附2食11556～24840日圓 室和室12 IN15:00 OUT12:00 P 有 鹿子前橋巴士站即到 MAP 別冊9A-2
POINT 以當令魚料理聞名的旅館。可以享受到溫泉與鹽泉、流動式的天然冷泉等。實惠的價格也讓人開心。

本書記載的所有飯店都設有網站，上網確認一下你喜歡的飯店吧！

還有好多好多順道一遊景點

更多佐世保

九十九島、豪斯登堡之外，還有許多好玩景點的佐世保。
在此精選了以佐世保市區為中心的美術館、休閒活動景點、
餐廳＆咖啡廳等，可以順道一遊的好地方。

佐世保市

三川內燒美術館
みかわちやきびじゅつかん

☎0956-30-8080
佐世保市三川内本町343 9:00～16:30
休無休 ¥免費 P有
JR三河內站步行5分 MAP別冊12B-4

鑑賞三川內燒的現代與過去作品

位於三川內燒傳統產業館裡的三川內燒美術館。在這裡可以一次看到擁有400年歷史的三川內燒古美術品，以及現代創作家的作品。能欣賞世界上最古老的豆粒文土器的佐世保市器皿歷史館，就在這間美術館的旁邊。

展示著多元的著名作品

佐世保市

西海國立公園九十九島動植物園森KIRARA
さいかいこくりつこうえんくじゅうくしまどうしょくぶつえん もりきらら

☎0956-28-0011
佐世保市船越町2172 9:00～16:45
休無休 ¥820日圓 P有 動植物園前巴士站即到 MAP別冊10B-3

能觀賞動物與亞熱帶的植物

可以觀察小貓熊和大象等動物，以及亞熱帶珍奇植物的動植物園。總面積8萬㎡的寬廣園區內，展示了約65種、264隻的動物，和1200種、21000株的植物。

觀賞溫室裡有許多的花卉植物可欣賞

佐世保市

えぼしスポーツの里
えぼしスポーツのさと

☎0956-24-6669 佐世保市烏帽子町128
9:00～18:00（10～3月至17:00） 休週四（逢假日則營業） ¥免費入場（有付費遊樂設施） P有
スポーツの里入口巴士站即到 MAP別冊9A-2

在烏帽子岳享受戶外運動

海拔568公尺的烏帽子岳是西海國立公園內的最高峰。自然豐沛的園內，有直排輪、三對三專用籃球場、人工草皮滑草場、公園高爾夫、卡丁車、球池等各種休閒娛樂設施。

可以大家一起玩樂的公園高爾夫

佐世保市

佐世保市器皿歷史館
させぼしうつわれきしかん

☎0956-30-6565
佐世保市三川内本町289-1
9:00～17:00 休無休 ¥免費 P有
JR三河內站步行5分 MAP別冊12B-4

藉由模型學習器皿的歷史

介紹土器、陶器、瓷器的陶瓷演變史。展示品除了世界上最古老的豆粒文土器之外，還有繩文時代到近代的三川內燒等，在佐世保所製造出來並實際使用的「器皿」。將製作過程以模型方式呈現的展示區值得一看。

用模型來介紹陶瓷器的製作過程

佐世保市

HOTEL LORELEI ばってんの湯
ホテルローレライ ばってんのゆ

☎0956-59-3939 佐世保市南風崎町449
6:00～22:00（包租浴池為11:00～21:00） 休無休
¥700日圓（包租浴池為另計1小時1300日圓，預約制） P有 JR豪斯登堡站即到 MAP別冊10C-3

豪斯登堡附近的巨蛋型溫泉館

位於HOTEL LORELEI內的溫泉設施。坐落在宛如萊茵河岸街景一般的早岐瀨戶沿岸，從巨蛋型的大浴池可一望豪斯登堡的景觀。採預約制的4座包租浴池裡，有3座是露天浴池，另外一座則是輪椅專用的室內浴池。

附氣泡浴功能的浴池

佐世保市

白十字パーラー ぽると総本舗
はくじゅうじパーラー ぽるとそうほんぽ

☎0956-22-2831
佐世保市本島町4-19 9:30～18:00 休無休
P無 松浦鐵道佐世保中央站即到
MAP別冊10B-2

挑戰巨大的挑戰聖代

位於以佐世保知名點心「PORTO」聞名的ぽると総本舗內的冰果店。用大啤酒杯盛裝的超大尺寸挑戰聖代925日圓。在快要滿出來的冰淇淋上，加上水果等配料，份量十足。當地美食的檸檬牛排也值得品嘗。

很受歡迎的挑戰聖代

佐世保市

あご(飛魚)らーめん本舗
あごらーめんほんぽ

☎0956-28-7775
佐世保市鹿子前町979 西海珍珠海洋遊覽區
11:30～17:30(週三至15:00) 休 不定休
P 有 鹿子前栈橋巴士站即到 MAP 別冊9A-2

飛魚高湯的拉麵很有名

可以吃到使用AGO（飛魚）高湯的拉麵。還提供使用番茄醬汁的義大利風拉麵（669日圓）、白醬拉麵等獨特的原創拉麵。還有咖啡和可可等飲料。

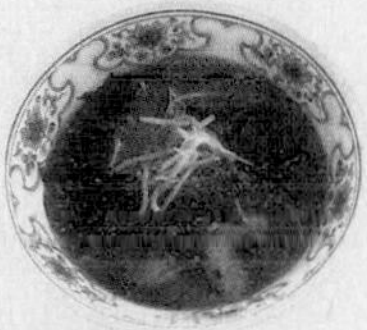

飛魚高湯十分美味

佐世保市

ピザ&ビア タフ
ピザアンドビア タフ

☎0956-22-6822
佐世保市戸尾町5-26 18:00～翌2:00(週日、假日至24:00) 休 不定休 P 無
JR佐世保站步行10分 MAP 別冊10C-1

防空洞遺跡內的低調酒吧

位於戶尾市場街的隧道橫丁（トンネル横丁）防空洞遺跡內的餐廳酒吧，天花板還留有防空洞的模樣。備受好評的披薩，從麵糰到醬汁都是手工製作，800日圓起。不需開瓶費，雞尾酒一律700日圓。

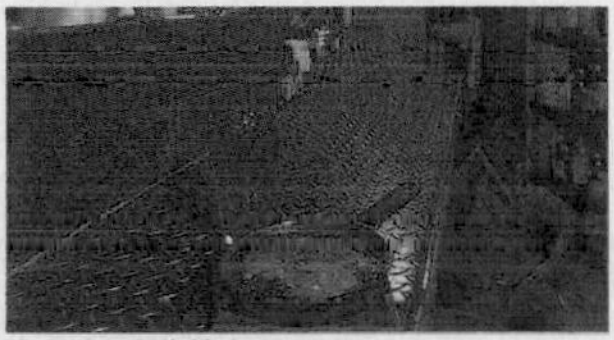

店內後方有桌椅座

佐世保市

レストハウス リベラ

☎0956-32-7977
佐世保市白南風町1-16 エスプラザ1F
9:00～21:30 休 週三 P 無
JR佐世保站即到 MAP 別冊10C-2

美味誘人的檸檬牛排

使用長崎縣產牛和佐賀牛的檸檬牛排，裹上了醬油底的醬汁更顯美味。100%黑毛和牛的佐世保漢堡（650日圓）評價也很高。檸檬牛排是黑毛和牛的檸檬牛排附沙拉和米飯。

迷你檸檬牛排2500日圓，午餐時段為2000日圓

佐世保市

くにまつ

☎0956-25-2888
佐世保市上京町4-16 武富ビル1F
10:00～21:00 休 週二 P 無
JR佐世保站步行7分 MAP 別冊10B-1

使用嚴選豆子的咖啡專門店

可以喝到香氣逼人咖啡的咖啡專門店，提供7種豆子調和而成的原創咖啡。淋上花費8小時慢慢萃取出冰滴咖啡的冰淇淋（520日圓），是有著含蓄甜味的人氣甜點。

原創綜合咖啡500日圓

佐世保市

櫂艪
かいろ

☎0956-22-9808
佐世保市下京町4-3
17:00～翌1:00 休 不定休 P 無
JR佐世保站步行10分 MAP 別冊10C-2

能吃到「九十九島牡蠣」的壽司割烹

位於佐世保市中心區「四町商店街」入口附近的壽司割烹店。冬季有各式各樣的牡蠣餐點可享用。九十九島牡蠣的菜單是11月起到2月左右的季節限定菜單，需預約。

做成軍艦卷形狀的生牡蠣握壽司一貫300日圓（需預約）

佐世保市

大黒屋 松かさ焼
だいこくや まつかさやき

☎0956-25-3672
佐世保市湊町1-2
10:00～19:00 休 第1週之外的週六 P 無
島瀨町巴士站步行4分 MAP 別冊10B-2

有著古早好味道的和菓子

創業於1927（昭和2）年的老字號。用麵粉與雞蛋製成的外皮裡面包著白豆沙，這個在店裡用松果形狀模子製作出來的「松かさ焼」一個70日圓，剛烤好的皮是又香又酥。店內後方是食堂。

前往長崎、豪斯登堡的交通方式

移動本身也是旅行的一部分，所以希望能夠又快又舒適。
以下整理出能讓這次旅程能夠更加輕鬆愉快、
一目瞭然的「co-Trip」交通方式。

日本各地前往長崎

JR就在長崎站下車
飛機的話就從長崎機場搭機場巴士

長崎觀光的門戶就是JR的長崎站，長崎站是從博多出發的特急列車「かもめ」的終點站。搭乘飛機的話就飛到長崎機場，往長崎市中心則有機場巴士行駛。除此之外，長崎機場還有開往豪斯登堡、佐世保、諫早方向的直達巴士。

活用「フリープラン」吧！

個人或團體旅行時，輕鬆又便宜的就是旅行社所販賣的「フリープラン」（自由行方案）。這種方案是將飛機和新幹線等交通方式，加上你所喜歡的旅館住宿成套販賣，到了當地可自由活動。不妨先到旅行社，拿起店裏寫有「長崎」、「九州」大標的簡章來看看吧。

出發地點	交通工具	路線	所需時間	價格
東京	飛機	**羽田機場**→JAL·ANA·SNA→**長崎機場**→長崎縣營巴士／長崎巴士→**長崎站前**	2小時33分	42190日圓
大阪	新幹線	**新大阪站**→新幹線のぞみ·みずほ→**博多站**→JR特急かもめ→**長崎站**	4小時23分	18610日圓
大阪	飛機	**大阪(伊丹、關西)機場**→JAL·ANA·APJ→**長崎機場**→長崎縣營巴士／長崎巴士→**長崎站前**	2小時	29600日圓
名古屋	飛機	**中部國際機場**→ANA→**長崎機場**→長崎縣營巴士／長崎巴士→**長崎站前**	2小時8分	36910日圓
廣島	新幹線	**廣島站**→新幹線のぞみ·みずほ→**博多站**→JR特急かもめ→**長崎站**	3小時	13200日圓
札幌	飛機	**札幌(新千歲)機場**→JAL·ANA·ADO·SKY→**羽田機場**→JAL·ANA·SNA→**長崎機場**→長崎縣營巴士／長崎巴士→**長崎站前**	4小時8分	45880日圓（使用轉乘折扣）
仙台	飛機	**仙台機場**→JAL·ANA·IBX→**大阪(伊丹)機場**→JAL·ANA→**長崎機場**→長崎縣營巴士／長崎巴士→**長崎站前**	3小時18分	40100日圓（使用轉乘折扣）

安排前請先以電話或藉由網站、當地觀光服務處等確認最新情報。

※價格為搭乘JAL（或ANA）的情況

也可以搭乘巴士旅行

巴士旅行既是不必轉乘的輕鬆旅程，也比新幹線和飛機更便宜。巴士有夜行、日間等從各地發車的多種路線，若搭乘夜行巴士，早上到達當地便能盡情玩上一整天。搭巴士出遊之前，別忘了先訂票和弄清楚搭車地點。

以青春18車票來趟慢活之旅

青春18きっぷ（青春18車票）是可以一整天無限制搭乘JR快速、普通列車的普通車廂自由座的車票。悠閒地搭著火車的慢活之旅，說不定在途中會有什麼意想不到的新發現呢。一張票可以用5日（人），11850日圓。配合春假、暑假、寒假期間發售。

詢問處

飛機
JAL(日本航空)
‥‥ ☎0570-025-071(收費電話)
ANA(全日空)
‥‥ ☎0570-029-222(收費電話)
SNA(Solaseed航空)
‥‥ ☎0570-037-283(收費電話)
ADO(AIR DO航空)
‥ ☎0120-057-333(免付費電話)
SKY(SKYMARK航空)
‥‥ ☎0570-051-330(收費電話)
IBX(IBEX航空)
‥ ☎0120-686-009(免付費電話)
APJ(樂桃航空)
‥ ☎0570-200-489(免付費電話)

鐵道
JR九州服務中心
‥‥‥‥‥‥ ☎050-3786-1717
JR西日本・顧客中心
‥‥ ☎0570-00-2486(收費電話)
JR東海・電話中心
‥‥‥‥‥‥ ☎050-3772-3910

高速巴士
名鐵巴士‥‥‥ ☎052-582-2901
近鐵巴士‥‥‥ ☎06-6772-1631
長崎巴士‥‥‥ ☎095-826-1114

※以上詢問處基本上使用的語言是日文，請留意。

co-Trip推薦 方便好用手機網站

國內線.com(日文網站)
可以搜尋、購買日本國內航空公司的路線
http://m.kokunaisen.com(智慧型手機、行動電話)
http://www.kokunaisen.com/(電腦)

駅探(日文網站)
可以搜尋飛機、電車的時刻、費用
http://sp.ekitan.com(智慧型手機)
http://1069.jp(行動電話)
http://ekitan.com/(電腦)

長崎機場直接前往豪斯登堡

由於長崎機場就位於長崎市與豪斯登堡的正中間，要直接前往豪斯登堡就從機場搭乘「開往佐世保」的西肥巴士。需時56分，單程1150日圓。另外還有高速船（安田產業汽船）可以搭乘。

靈活運用飛機的折扣機票

航空公司都會提供像是購買雙程票，或是早鳥票、特定班次機票等的折扣票種。活用每家航空公司推出的折扣機票制度，享受一趟物美價廉的空中之旅吧。

九州內前往長崎·豪斯登堡

便捷的JR特急列車或是實惠的高速巴士十分方便。欲前往豪斯登堡，可由博多直接前往。

博多前往長崎，可以搭乘JR的特急「かもめ」或是高速巴士。還有博多～豪斯登堡的直達特急「ハウステンボス」。由小倉、熊本、大分、宮崎出發，則是搭乘直達長崎不需轉乘的高速巴士較為方便。

出發地點	交通工具	路線	所需時間	價格
福岡	JR·私鐵	**博多站**→JR特急かもめ→**長崎站**	1小時53分	4700日圓
	巴士	**博多巴士總站**→九州急行巴士→**長崎站前**	2小時33分	2570日圓
	JR·私鐵	**博多站**→JR特急ハウステンボス→**豪斯登堡站**	小時47分	3870日圓
小倉	新幹線	**小倉站**→山陽新幹線のぞみ→**博多站**→JR特急かもめ→**長崎站**	2小時10分	7080日圓 ※乗坐のぞみ自由座
	巴士	**小倉站前**→長崎縣營巴士 出島号→**長崎站前**	3小時13分	3600日圓
熊本	新幹線	**熊本站**→九州新幹線さくら→**新鳥栖站**→JR特急かもめ→**長崎站**	1小時54分	7460日圓 ※乗坐のぞみ自由座
	巴士	**熊本交通中心**→九州產交巴士 りんどう号→**長崎站前**	3小時18分	3700日圓
佐賀	JR·私鐵	**佐賀站**→JR特急かもめ→**長崎站**	1小時15分	3870日圓
宮崎	巴士	**宮崎站**→宮崎交通巴士 ブルーロマン号→**長崎站前**	5小時30分	6690日圓
大分	巴士	**大分新川**→大分交通·大分·龜之井·日田巴士 サンライト号→**長崎站前**	3小時50分	4630日圓
鹿兒島	新幹線	**鹿兒島中央站**→九州新幹線さくら→**新鳥栖站**→JR特急かもめ→**長崎站**	2小時42分	13590日圓
	巴士	**鹿兒島中央站**→南國交通巴士 ランタン号→**長崎站前**	5小時34分	6690日圓

長崎前往各地區

往豪斯登堡搭乘JR快速列車或高速巴士；往雲仙則搭乘路線巴士。

前往豪斯登堡，可從長崎站搭乘JR開往佐世保方向的快速列車「SEA SIDE LINER（シーサイドライナー）」。往雲仙方向除了有直達巴士之外，也可以搭乘JR至諫早，再轉乘巴士前往。往島原同樣先到諫早，再轉乘島原鐵道。

目的地	交通工具	路線	所需時間	價格
豪斯登堡	JR·私鐵	**長崎站**→JR快速SEA SIDE LINER→**豪斯登堡站**	1小時25分	1470日圓
雲仙	巴士	**長崎站前**→長崎縣營巴士→**雲仙**	1小時40分	1800日圓
	JR·私鐵 巴士	**長崎站**→JR快速·普通→**諫早站**→島鐵巴士→**雲仙**	1小時50分	1810日圓
島原	JR·私鐵	**長崎站**→JR快速·普通→**諫早站**→島原鐵道→**島原**	1小時35分	1890日圓

也有這種車票

●豪斯登堡交通套票（ハウステンボスアクセスきっぷ）

由九州內的主要車站前往豪斯登堡的來回優惠車票，不含豪斯登堡的入場券。北九州市內出發為7710日圓，熊本站出發為10590日圓，有效期限都是5天。長崎站出發則為2470日圓，有效期限2天。可搭乘的列車因出發車站而異，請務必做好確認。

●長崎佐世保來回自由票（長崎佐世保往復フリーきっぷ）

由京阪神出發的來回車票（搭乘のぞみ、みずほ）加上長崎、佐世保地區的自由周遊區間套票。有效期限7天，京都市內出發為30960日圓，大阪市內和神戶姬路地區出發為30340日圓。須於使用開始日的1日前購買。發售期間需確認。

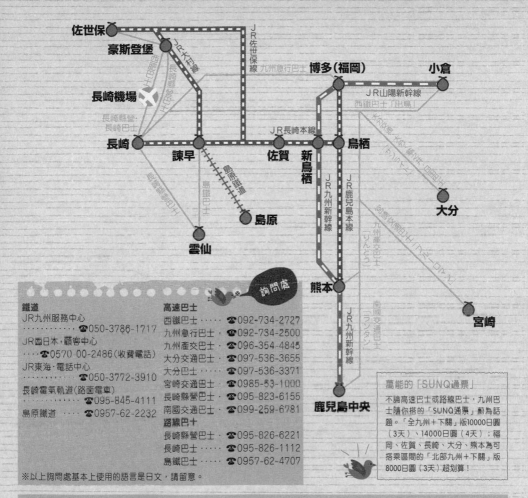

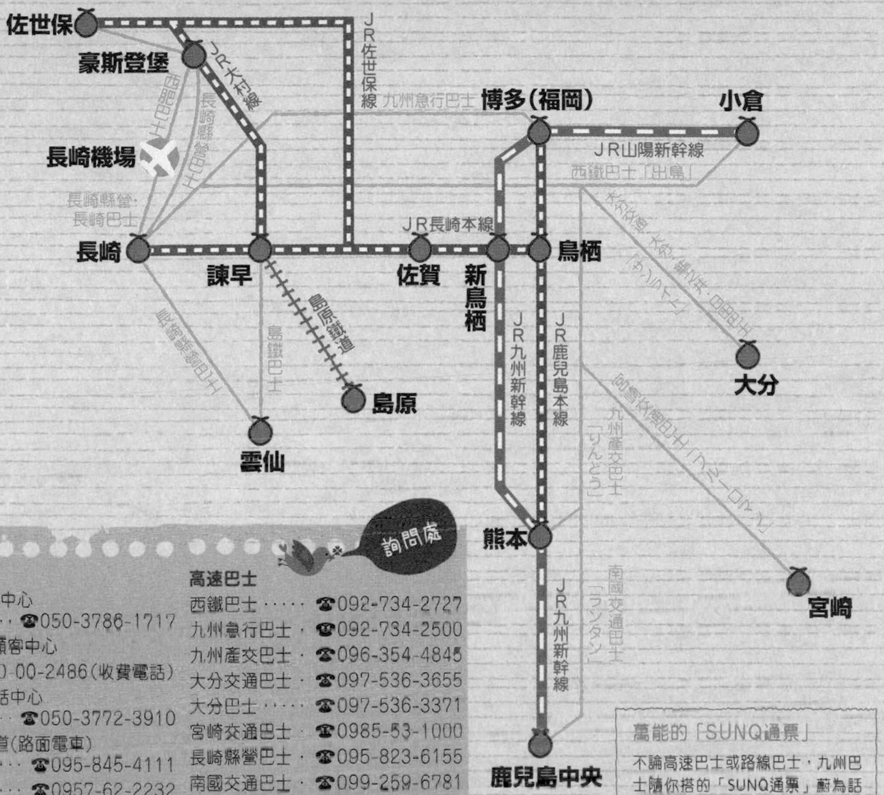

詢問處

鐵道
JR九州服務中心 ············ ☎050-3786-1717
JR西日本·顧客中心 ····☎0570-00-2486(收費電話)
JR東海·電話中心 ············ ☎050-3772-3910
長崎電氣軌道(路面電車) ············ ☎095-845-4111
島原鐵道 ···· ☎0957-62-2232

高速巴士
西鐵巴士 ····· ☎092-734-2727
九州急行巴士 · ☎092-734-2500
九州產交巴士 · ☎096-354-4845
大分交通巴士 · ☎097-536-3655
大分巴士 ····· ☎097-536-3371
宮崎交通巴士 · ☎0985-53-1000
長崎縣營巴士 · ☎095-823-6155
南國交通巴士 · ☎099-259-6781

路線巴士
長崎縣營巴士 · ☎095-826-6221
長崎巴士 ····· ☎095-826-1112
島鐵巴士 ····· ☎0957-62-4707

※以上詢問處基本上使用的語言是日文，請留意。

萬能的「SUNQ通票」

不論高速巴士或路線巴士，九州巴士隨你搭的「SUNQ通票」蔚為話題。「全九州+下關」版10000日圓(3天)、14000日圓(4天)；福岡、佐賀、長崎、大分、熊本為可搭乘區間的「北部九州+下關」版8000日圓(3天)超划算！

定期觀光巴士的輕鬆之旅

長崎的每一處觀光地點都想去看看，但是計畫起來好麻煩，這種時候就屬定期觀光巴士最方便了。
附有熟悉當地的導遊，可以划算地旅行。

行程名	出發地點	行程	需時	價格	行駛日
長崎よかとこコース ※設施公休時行程會有所調整	長崎站前 10:00／ 12:00出發	**原子彈資料館～和平公園～長崎歷史文化博物館～眼鏡橋～大浦天主堂～哥拉巴園**	4小時55分	1850日圓(入場費另計)	每日(需預約)

預約、洽詢=長崎巴士觀光☎095-856-5700(日文)

外文字母

日文假名

二劃～五劃

六劃～七劃